대한민국의 미친 엄마들

대한민국의 미친 엄마들
ⓒ정찬용 2015

초판 1쇄 발행일 2015년 9월 18일

지 은 이 정찬용
펴 낸 이 이정원

출판책임 박성규
기획실장 선우미정
편집진행 김상진
편   집 유예림 · 구소연
디 자 인 김지연 · 김세린
마 케 팅 석철호 · 나다연
경영지원 김은주 · 이순복
제   작 송세언
관   리 구법모 · 엄철용

펴 낸 곳 도서출판 들녘
등록일자 1987년 12월 12일
등록번호 10-156
주   소 경기도 파주시 회동길 198번지
전   화 마케팅 031-955-7374 편집 031-955-7381
팩시밀리 031-955-7393
홈페이지 www.ddd21.co.kr

I S B N 978-89-7527-712-2 (03370)

이 도서의 국립중앙도서관 출판예정도서목록(CIP)은 서지정보유통지원시스템 홈페이지(http://
seoji.nl.go.kr)와 국가자료공동목록시스템(http://www.nl.go.kr/kolisnet)에서 이용하실 수 있습니
다.(CIP제어번호: CIP2015024257)

대한민국의 미친 엄마들

정찬용 지음

1999년 7월 19일. 이 날은 『영어공부 절대로 하지 마라』라는 책이 세상에 나온 날입니다. 그리고 제 운명의 방향타가 지금까지와는 완전히 다른 방향으로 눈부시게 회전한 날이기도 합니다. 그렇게 조경 전문가에서 영어 전문가로 삶의 장을 바꾸고 나니 우선 수많은 젊은이들이 다가왔습니다. 그들은 영어 때문에 인생이 고단하고, 영어 때문에 기회를 놓치고 있었으며, 영어로 인하여 꿈을 포기한 이들이기도 했고, 영어를 잘하게 되어 새로운 직장을 얻거나 영어를 극복하여 외국으로 나가고자 하며, 영어를 이용하여 희망을 찾고자 하는 이들이기도 했습니다.

그렇게 그들의 고통과 슬픔과 희망과 꿈을 함께 나누는 사이 또 다른 집단을 만나게 되었는데 바로 자녀를 둔 엄마들이었습니다. 그들과 영어와의 관계는 젊은이들과 영어와의 관계와 많이 달랐습니다. 그들은 일단 그들 자신의 영어가 문제가 아니라 자녀들의 영어가 문제였고, 아이가 영어를 잘하게 되면 무엇을 할 것이다가 아니라 무조건 영어를 잘하게 되어야 한다는 생각을 하고 있었습니다. 그들이 왜 그런 집착에 가까운 모습을 보이는지가 궁금했습니다.

아이 엄마들에게 아이들이 영어를 잘하게 되는 법을 알려주기는 어렵지 않았습니다. 왜냐하면 아이들은 대부분 이미 지겹고 실력 향상은 안 되는 기존의 영어 공부에 진저리를 치고 있었기 때문입니다. 그런데 아이들이 새로운 방법으로 영어에 점차 재미를 느끼고 빠져들기 시작하자 엄마들이 이상한 행동을 하기 시작했습니다. 아이들에게 예전 방법을 다시 강요하는 겁니다. 그 이유가 놀라왔습니다.

"남들이 다 하는 것을 안 하니까 불안해서요."

논리적으로나 합리적으로 따져서 어느 방법이 옳은지 이해는 되지만 그렇게 하게 되더라는 데에는 딱히 할 말이 없었지요. 갑자기 멍해진 그들의 눈빛은 설사 다 같이 가는 길이 공멸이어도 어쩔 수 없다는 이야기를 하는 듯했습니다.

그래서 저는 엄마들에게 보다 기본적인 얘기를 들려주게 되었습니다. 아이들은 영어뿐만 아니라 다른 것들도 먼저 재미를 느껴야 몰입하고 그럼으로써 진짜 실력이 늘게 된다는 보편적 진리를 이야기하기 시작한 겁니다. 놀랍게도 거의 모든 엄마들이 그 정도는 알고 있다는 반응을 보였습니다. 그럼에도 그들은 그 진리와 반대되는 행위를 하고 있었지요. 아이들은 하기 싫은 공부를 억지로 해야 해서 괴로워하고 엄마들은 그런 아이들을 구슬리고 달래고 때론 협박도 불사하며 학원 보내느라고, 그리고 집에 돌아온 뒤에는 밤늦게까지 숙제 챙기느라고 힘들어하고 있었습니다.

그러는 와중에 갑자기 의문이 생겼습니다. 그렇게 자라는 아이들이 사춘기가 되면 아무 일이 없을 리가 없어서 어느 날 강연 말미에 돌발 질문을 하나 던졌습니다.

"이 중에 중학생 아이들과 무서워서 대화도 못 나누게 된 분 없나요?"

순간 맨 앞쪽에 앉아 있던 어떤 엄마가 훅 소리를 내며 고개를 숙이더니 흐느끼기 시작했습니다. 사실 강연 초반부터 그녀는 사람들의 시선을 끌었습니다. 옷차림이 화려하거나 외모가 아름다워서가 아니라 그 반대의 모습이어서 그랬습니다. 머리는 부스스해서 막 자리에서 일어난 것 같았고, 얼굴엔 화장기가 전혀 없었습니다. 초점 없는 눈동자는 마치 빛이 사라져버린 동굴 속 같았지요.

한참을 북받쳐 울던 그녀가 겨우 진정을 하고 털어놓은 이야기는 이랬습니다. 아들이 하나 있는데 어릴 때부터 착하고 말 잘 듣고 총명해서 주변의 부러움을 한 몸에 받았답니다. 초등학교 들어가서는 학교와 학원도 잘 다녔습니다. 고학년이 되면서 새벽 한

두 시까지 숙제를 해야 하는 상황이 되었지만 그래도 불평 한 마디 없이 명랑하고 씩씩하게 잘 견뎌내어 아무런 문제가 없는 줄 알았답니다. 그렇게 중학생이 되었고 일학년을 거의 다 마친 어느 날, 겨울방학에 다닐 학원을 물색하고 있는데 느닷없이 그러더랍니다.

"나, 이제부터 학원 안 다닐 거니까, 그렇게 알아."

그 말을 남기고 횅하니 제 방으로 들어갔습니다. 그녀가 아이를 따라 들어가는데, 문간에서 막혔답니다.

"들어오지 마. 엄마 꼴도 보기 싫어."

충격을 받은 엄마는 그만 이성을 잃었고 그다음엔 무슨 말을 했는지 기억도 안 나더랍니다. 정신을 차려 보니 아이는 제 방 문을 주먹으로 쳐서 구멍을 내놓은 채 사라졌고, 자신은 거실에 주저앉아 부들부들 떨고 있더라는 겁니다. 아이 아빠가 돌아온 뒤 사태는 더 심각해졌고 그로부터 일 년여가 지났지만 자신도, 아이 아빠도 아들과 눈 한 번 제대로 마주치지 못하고 살고 있답니다. 가슴엔 커다란 바위가 하나 얹혀 있는 것 같고 사는 게 사는 것 같지 않아 자주 죽고 싶지만, 이 모든 게 자신의 잘못인 것 같아 죽더라도 이 문제는 해결하고 죽어야 할 것 같아 이렇게 강연을 찾아다닌다는 겁니다.

그 뒤 강연을 할 때마다 같은 질문을 던지게 되었고 그와 비슷한 이야기를 들을 수 있었습니다. 사연이 약간씩 다르기는 했지만 아이들이 느닷없이 반항하고 소리 지르고 폭력적으로 변한 것만큼은 어김없이 등장했습니다. 모범생도, 모범생이 아닌 아이들도 있었지만 그런 행동을 하리라고 상상을 할 수 없는 아이였다는 점은 비슷했습니다. 결정적으로 똑같았던 것은 엄마들의 모습이었죠. 누구보다 헌신적으로 정말 열심히 아이들을 공부시켰다는 점은 어디에 내놓아도 뒤지지 않을 정도였습니다. 그래서 더욱 더 가슴이 찢어지는 고통 속에 지내고 있었죠.

일 년여가 지나고 다시 방문하게 된 어느 도시에서 강연회가 막 시작되려는데 어느 엄마가 한 여학생의 손을 잡고 저에게로 다가와 말을 걸었습니다.

"박사님, 안녕하세요? 얘가 그때 말씀드렸던 가출했다던 딸이에요."

그 아이는 수줍게 웃으며 인사를 했는데 겉모습으론 전혀 그런 과거가 연상이 되지 않았습니다.

"박사님이 해보라는 대로 했더니 이렇게 잘되었네요. 정말 감사드립니다."

"그래요. 다행이군요. 그럼, 요샌 공부 열심히 해서 일류 대학 가란 말씀은 안 하시겠네요, 하하."

"네. 당연하죠. 그런데 대학에 가서 가구 디자인 전공할 거라고 밤늦게까지 뭘 하네요."

서로 팔짱을 끼고 바라보는 모녀의 모습은 평화롭고 행복해 보였습니다.

제가 그런 엄마들에게 가르쳐준 처방은 이랬습니다.

"좋은 날을 잡아 밤 10시경 음료수 한 잔씩 앞에 놓고 아이와 마주 앉으세요. 그리고 사과할 게 있다고 하세요. 그러면 아이가 일단은 이야기를 들어보려고 할 겁니다. 그러면 네 의견을 무시하고 엄마 마음대로 공부만이 살 길이라고 정의를 내려 날이면 날마다 학원으로 밀어넣어서 잘못했다고, 미안하다고 하세요. 갈등의 시간 동안 퍼부었던 온갖 저주의 말과 폭언에 대해 진심으로 사과한다고 말씀하세요. 아이가 별 반응을 보이지 않으면 무릎이라도 꿇으세요. 그러고 나서 물어보세요. 엄마에게 그동안 하고 싶었던 말은 없었는지, 있었다면 여기서 지금 해줄 수 있는지…… 그리고 용서해줄 수 있는지……."

이 처방은 사실 상담 심리 전문가나 정신과 전문의 같은 이들이 볼 때에는 썩 좋은 방법이 아닐 수도 있습니다. 그렇지만 한 가지 확실한 것은 아무리 상대가 아들, 딸이라도 용서를 빌어야 할 것은 빌어야 문제가 해결되기 시작한다는 겁니다. 엄마가 아이들을 자신과 같은 온전한 인격체로 대하지 않았던 바로 그 지점으로 돌아가지 않으면 아이들은 결코 자신의 본래 모습으로 돌아오지 않습니다.

'오로지 공부만 잘하면 된다'라는 이상한 교육 철학에 엄마들이 동의하는 동안 우리나라 교육 현장은 그야말로 엉망진창이 되었습니다. 공교육이 사교육의 들러리 역할을 하는 지경에까지 이르러 공교육 무용론까지 등장하는 판이니 그렇게 되는 동안 정부의 교육 담당 장관들이나 부서는 무엇을 했는지 도무지 이해가 안 갈 지경입니다. 그런데 따지고 보면 우리나라 교육 당국이 공교육 문제를 해결하여 과도한 사교육 열풍을 잠재우려고 한 적은 매우 많았습니다. 저 멀리 70년대까지 올라가는 그 계보는 아마도 시작이 중학교 추첨제일 것입니다. 그 뒤 고등학교 추첨, 과외 금지, 대학 자체 본고사 폐지 등등으로 전개되어갔고, 예비고사에서 학력고사로, 거기서 다시 수능시험으로 시험제도의 변화도 매우 자주 이루어졌습니다.

이 모든 것을 총망라해서 한마디로 정의를 내린다면 "사교육 몰아내기"라고 해도 지나치지 않을 것입니다. 다들 알다시피 그 결과는 정반대로 갔죠. 사교육 시장의 팽창을 불러왔고, 이제 우리나라 사람들의 뇌리에 사교육은 아이들 교육의 필수 덕목이 되고 말았습니다. 우리나라 교육 당국의 총체적 실패이며 문제 진단에서부터 해결책 마련에 이르기까지 뭐 하나 제대로 옳게 한

적이 없다고 해도 할 말이 없을 것입니다.

그런데 그 일련의 과정을 면밀히 들여다보면 엄청나게 많은 교육 전문가가 등장합니다. 정책을 입안하고 대책을 마련하는 실무 작업을 진행하고 결정한 이들은 해당 공무원들이었지만 그들에게 자료를 만들어주고 보고서를 써준 이들은 관련 학문을 전공한 전문가 집단이었습니다. 교육 전문가 집단의 암묵적 지지 혹은 적극적 동조를 통해 이루어진 결과라는 말입니다. 일종의 학자 혹은 전문가로서 사회적 책무를 방기한 것이라고도 할 수 있죠. 어느 한 분야를 변화시키고 주의를 환기시켜 개혁의 깃발을 드는 이들은 바로 그런 사람들입니다. 교육 분야는 특히 그러한 성격이 도드라지는 분야라고 할 수 있습니다. 그 이유는 교육이라는 분야를 다른 분야와 같은 위치에 놓을 수 없기 때문입니다. '과학을 어떻게 발전시키고, 경제를 어떻게 영위하며, 정치 구조를 어떻게 개편하면 좋을까'와 같은 이슈와 '공교육 제도를 어떻게 바꿔야 사교육 맹신을 고칠 수 있을까'와 같은 문제를 동일선상에 놓고 고민하면 안 된다는 말이기도 합니다. 왜냐하면 나머지 다른 이슈들 혹은 문제들이 교육 문제의 하부 구조에 속하기 때문입니다. 즉 교육 문제를 해결하면 다른 분야의 문제는 저절로 사라지거나 해결이 되어버린다는 얘기입니다. 간단하게 표현하자면 다른 분야는 사람이 하는 일에 대한 것이지만, 교육은 사람에 대한 일입니다. 사람에 대한 문제가 해결이 되면 사람이 하는 일에 대한 문제는 별일이 아니게 된다는 의미입니다.

우리나라 교육 전문가들의 도덕적·사회적 책무 방기의 혐의는 지금도 도처에서 자주 목격됩니다. 작금의 교육 현장에서 수시로 벌어지고 있는 각종 사건사고 등에 대한 그들의 반응을 보면 알 수 있습니다. 학생이 교사를 폭행하고, 학부모가 교장실에 쳐들어오는 것과 같은 공교육 현장에 대한 무시나 비하 현상이 심해지고 있고, 궤도를 이탈한 아이들의 삐뚤어진 행위의 형태가 성매매, 살인, 시체 유기에까지 이르고 있는데도 정작 교육 분야의 전문가라는 사람들은 아무런 행동을 하지 않습니다. 그 정도 사안이면 모두들 분연히 떨쳐 일어나 각종 세미나를 열고 함께 행동할 조직체를 만들고 국회와 정부가 심각하게 고민하도록 하여 뭔가 해결책이 마련되도록 하고 그 방책이 제대로 구현되는지 감시까지 해야 하건만, 모두들 함께 해외 견학이라도 간 듯 마냥 조용할 뿐입니다. 제대로 된 교육 철학의 구현에 대해 조금이라도 관심이 있다면 밤잠을 몇 날 며칠이고 설칠 정도의 사건이 발생해도 누구 하나 적극적으로 발언하는 이가 없습니다. 일인 시위, 촛불 시위는 그럴 때에도 해야 하는 것입니다.

이 책은 일종의 백신입니다. 아이들 할 일이 오직 공부뿐이라고, 공부만 잘하면 만사형통이라고 생각하는 고질병에 걸려 있는 대한민국 엄마들에게 현실은 전혀 그렇지 않음을 알려 병이 낫게 할 목적으로 쓰인 것입니다. 또한 소위 교육 전문가, 교육학자, 교육 당국자라는 이들에게 외치는 항변입니다. 망가져가는 교육 현장을 바로 앞에 두고 보면서 모른 척하고 살면 도대체 어쩌자는 건지라며 묻는 간절한 물음이기도 합니다.

그리고 뭔가에 씐 듯 오직 자신의 생각과 판단만을 고집하며 사교육 외에 다른 어떤 대안도 거부하는 아내에게 밀려 아이 교육에 대한 평소의 지론과 고민을 거부당했던 이 땅의 숱한 아빠들에게도 유용한 책입니다. 아내 선물용 혹은 본인의 상처 치료용으로 사용해보시기를 강력히 추천하는 바입니다.

C o n t e n t s

Chapter 03
대한민국 교육 매력적으로 바꾸기

엄마들의 꿈과
학원의 기만

이 장은 우리나라 거의 모든 엄마들의 교육 일반에 대한 생각과 행동에 대한 이야기를 다루고 있습니다. 그것들이 사실은 아이들에게 매우 유해할 수 있고, 아이들의 미래를 심각하게 어둡게 할 수 있는 결정적 요인이 된다는 것을 솔직하게 풀어놓았습니다. 그리고 우리나라 교육 현장을 너무나 당당하게 왜곡하고 있는 사교육 업체들의 진실에 대한 이야기도 등장합니다. 우리가 신문이나 방송에서 흔히 접하는 사교육업자들의 일반적인 모습에 대한 것이 아니라 그들의 속마음에 대한 것입니다. 그들이 늘 내세우는 최고, 최선, 일류 강의 프로그램의 정체에 대한 이야기이자 그들이 성공시켰다는 원생들의 실체에 대한 고발입니다. 그리고 소위 일류 대학, 일류 직장, 일류 직업의 현재 상황도 알려줍니다. 놀랍게도 상태가 매우 심각합니다.

학원은 장사하는 곳

우리나라 교육 현장에는 이해가 안 되는 일이 정말 많이 일어납니다. 그중에서도 가장 이상한 일은 학원을 모두 필수라고 생각한다는 것입니다.

이 인식이 얼마나 심각한가 하면 공영 방송이므로 상식과 정도를 벗어나지 않아야 하는 지상파 티브이 토론 프로그램에서조차도 교육 기회의 형평성을 논할 때 다닐 만한 학원이 있느냐가 그 동네의 교육 수준을 가늠할 기준인 것처럼 말하고, 학원을 다닐 돈조차 없다는 말로 가난해서 정상적인 교육 기회를 가지지 못하는 것을 표현하고 있다는 것입니다.

"워낙 오지라서 학원 하나 없어요."

"학원이 있다 한들 거기 보낼 돈도 없는 동넵니다."

"교육 기회의 불평등이 그대로 보이는 곳이군요."

이런 말을 하는 사람들이 소위 교육 전문가들이자 국회 교육 관련 상임위 소속 국회의원이며 현직 교사, 교수들이니 참 기가 막힙니다. 그들의 말대로라면 학원이야말로 국민 교육기관의 기본 중 기본인 셈입니다. 제대로 말하려면 그 동네에 각급 학교가 있는지 그리고 선생 수급은 제대로 되고 있는지, 수업 수준은 어떤지가 기준이 되어야 하는데 말이죠.

보통 사람들의 학원에 대한 인식 수준은 당연히 훨씬 심각합니다. 전문가들이나 정치가들이 괜히 그러는 게 아닌 것이죠.

"얘가 이렇게 열심히 하는데 돈이 없어서 학원도 못 보내주고 너무 마음이 아파요."

"여기는 학원이 없어서 아이 혼자 도시로 나가 자취하고 있어요."

학원은 그들의 의식 구조 속에서 마치 학교와 같은 혹은 그 이상의 위상을 점하고 있는 게 분명합니다.

어쨌거나 그들은 그리고 우리나라 사회가 학교 수업으로는 뭔가가 부족하다는 생각을 하고 있는 것이며, 심지어 학원 수업을 받지 못하면 교육 수준이 떨어진다고 생각한다는 것입니다. 학교가 해주지 못하는 것을 채워주거나 학교가 해주기는 하는데 부족한 부분을 보완해주는 역할을 학원이 한다는 철석같은 믿음이 있지 않고서야 생길 수 없는 생각입니다. 일단 예체능 쪽 학원은 학교가 못 해주는 혹은 안 해주는 것을 제공하는 곳입니다. 갈 만한 당위성이 있죠. 또 영어 등 외국어 수업도 학교 수업의 양으로는 잘하게 되기에 턱없이 모자라므로 상당히 긍정적으로 볼 수 있는 여지가 있습니다.

그러나 학과목 학원 쪽이라면? 학교에서 다루고 있지만 부족하다고 생각해서 보내는 학원일 텐데, 그렇다면 당연히 이런 생각이 떠올라야 합니다.

학교보다 더 잘 가르치는 곳!

사실 그 점에 대해서도 다들 별 이의를 제기하지 않습니다. 학원들이 무조건 학교보다 잘 가르칠 수밖에 없다고 생각하는 것이죠. 그 근거로 자주 등장하는 대표적인 말이 소위 사교육 1, 2, 3번지 출신들이 일류대 합격률이 높다는 것입니다. 강남 3구(강남, 서초, 송파) 소재 고등학교 졸업생들의 매년 일류대 합격률은 정말 꽤 높습니다. 유치원서부터 고등학교 졸업할 때까지 양질의 사교육을 빡세게 받아서 그런지 SKY대학도 척척 잘들 들어간다고 그 동네 학원 관계자들은 입에 침이 마르도록 선전을 해댑니다.

그런데 조금만 시각을 바꿔 보면 꼭 학원 때문이라고 말하기가 찝찝합니다. 왜냐하면 어차피 그 동네에 살고 있는 사람들 혹은 이사 온 사람들이 주로 소위 상류층 출신, 예컨대 법조계, 의사, 고위 공무원들인데 원래 타고난 머리로 주로 어려운 고시를 합격해 그런 자리에 앉게 된 사람들이니 당연히 그들의 자식들 유전자도 그 못지않게 그쪽일 가능성이 높고, 따라서 자연스럽게 일류대를 가게 되었을 개연성이 꽤 크다는 것입니다. 그들에게 간혹 설문 조사라는 것을 해서 그들이 학원 수업 덕에 그리 되었노라고 주장하는 사람들의 논리는 그 관점을 일부러 피해가고 있는 것 같습니다.

설문에 사용된 질문을 보면 그들의 꼼수가 드러납니다. 예를 들면 '당신은 학원에 다닌 적이 있습니까?'라는 질문을 서울대 입학생들에게 던집니다. 대부분은 '예'라고 답합니다. 고등학교 졸업할 때까지 학원 문턱도 안 가본 아이들은 우리나라에 거의 없으니까요. 그런데 이 평범해 보이는 질문과 답을 놓고 비범한 분석 결과를 내놓게 됩니다.

'서울대 입학생 대부분이 사교육 경험이 있다.'

어디 한 군데 잘못된 부분이 없지만, 이 결과를 신문 기사 혹은 뉴스로 접하는 부모들은 이렇게 이해합니다.

'서울대 가려면 사교육이 대세!'

그러나 제대로 된 질문은 이렇습니다.

서울대 합격에 가장 큰 영향을 미친 학습법은?

① 학원 ② 인터넷 강의 ③ 스스로 학습

④ 친구나 선생의 도움 ⑤ 부모의 지도 ⑥ 개인 과외

실제로 이와 유사한 질문을 던진 설문 조사의 결과는 서울대 입학생 중 약 90%가 '스스로 학습'이 가장 큰 도움이 되었다고 답했습니다. 실제로 이 책을 쓰는 동안 다시 한 번 서울대 입학생들에 대한 학원 공부 관련 설문 조사가 기사화되었습니다.

기사 제목은 '서울대생 3명 중 2명이 수능 준비 위해 사교육!'(2014년 8월 24일, 연합뉴스) 내용인즉, 2013년 서울대 수시 합격자의 66%가 수능 준비를 위해 사교육을 받았다는 것이었습니다. 여기까지만 본 엄마들은 그리고 학생들은 '그래. 서울대 가는 애들도 사교육 필요하네. 나 같은 애는 당연히 해야지'라고 생각할 만한 기사죠. 그러나 그 기사를 좀 더 들여다보면 그들이 사교육 받은 시간이 일주일에 2시간여. 그러니까 거의 맛만 본 수준입니다. 문제는 엄마들이 그렇게 '좀 더 들여다보지' 않는다는 것입니다.

이제 학원의 정체에 대해 알아볼까요?

우선 어떤 아이들이 학원엘 갈까요? 학원을 다니는 아이들은 기본적으로 학교 공부를 잘 못 따라가는 학생들입니다. 집에서 참고서 같은 것을 가지고 보충을 해보려고 해도 잘 안 되거나 혹은 아예 그럴 생각도 하지 않아 부모가 학원으로 보낸 경우죠.

결국 공통적으로 스스로 공부가 잘 안 되는 아이들이 모여 있는 곳이 학원인 셈입니다. 우리나라 부모들 중 공부를 못하면 다른 것으로 승부를 걸면 된다는 생각을 하는 경우가 몹시 적기 때문에 공부를 잘 못하는 거의 모든 학생들이 학원에 다닌다고 보면 정답입니다.

실제로 사교육을 받고 있는 비율이 90%를 넘는다는 통계가 나와 있기도 하죠. 물론, 성적이 우수한 아이들도 꽤 학원에 많습니다. 학원을 다니는 비율이 그 정도 되면 최상위권은 아니지만 차상위권인 아이들은 학원을 이용하고 있다는 이야기입니다.

여기서 중요한 질문 하나. 그들은 학원을 다녀서 상위권이 되었을까요? 아니면 원래 잘하는데 학원을 다니고 있는 걸까요? 답은 대개 후자입니다. 전자는 거의 불가능합니다. 왜 그럴까요?

일반적으로 엄마들은 아이들이 학원을 다니면 성적이 오를 것이라고 생각합니다. 학교에서 배운 것을 한 번 더 배우는 데다가 학교보다 더 잘 가르칠 것이라는 믿음이 있기 때문이죠. 이 생각에는 한 가지 전제가 있어야 합니다. 아이들이 학원 수업시간에는 집중할 것이라는 것. 학교 공부를 잘 못하는 아이들은 대개가 머리가 딸려서라기보다는 수업시간에 집중하지 않아서인데, 학교와 달리 학원에 가면 의외의 집중을 할 거라는 전제가 무조건 성립되어야 된다는 이야기죠. 그럴 것이라는 근거로는 '학원 선생들이 더 재미있게 잘 아이들을 이끌어서 딴생각을 하지 않게 한다, 설명을 잘해서 이해가 잘되게 하므로 더 집중하게 한다' 등등을 꼽습니다.

진실은 이렇습니다. 학원 선생들이 더 재미있는 것은 맞는데, 설명이 재미있는 것이 아니라 말투와 제스처와 욕하는 것이 재미있고, 설명을 더 잘하는 것이 아니라 영업사원 말투로 강의를 하기 때문에 그렇게 들리는 것입니다. 학교 수업과 마찬가지로 그들도 주입식 수업 패턴을 그대로 고수하며, 오히려 잘하는 아이들한테 초점을 맞춰 강의를 진행해서 대부분 아이들에게 학원 수업이 학교보다 더 어렵습니다. 왜 그러냐 하면 엄마들이 학원을 정할 때 공부 잘하는 아이들이 많이 가는 곳을 선호하기 때문에 학원 수업도 그들에게 맞추어져 있어야 그들이 오고 또 떠나지 않게 되는 메커니즘이 존재하기 때문입니다. 나머지 아이들은 결국 학원에서도 들러리를 서고 있는 셈입니다.

학원 선생들이 학교 선생들보다 설명을 더 잘할 확률 역시 그리 높지 않습니다. 그들 중 대부분은 학교 선생 자격시험인 임용고사에 떨어져서 학원 선생을 하고 있기 때문이죠. 따라서 학생들이 어려워하는 부분을 더 잘 설명할 확률 역시 학교 선생들이 더 높겠죠.

그렇다면 도대체 왜 엄마들은 학원 선생들이 더 잘 가르칠 거라는 환상에 젖게 되었을까요? 아마도 신문 광고나 전단지 선전 문구가 원인일 것입니다. 온갖 그럴듯한 표현으로 장식된 학원 선생들의 모습에 세뇌되면 아무런 광고 문구도 달리지 않는 학교 선생들이 초라해 보이겠죠. '강남 일대 최고의 강사진', '명품 강의의 지존', '수학 강의의 절대 강자' 등등의 수식어가 달린, 쫙 빼입고 찍은 사진에 '뽀샵질'까지 더한 사진 속의 학원 선생들의 면면은 엄마들의 억지스러운 욕망을 충분히 건드리게 됩니다. '아, 저 정도 수준이면 공부 못하는 우리 아이를 제대로 바꿔줄지도 몰라' 하는 생각이 부지불식간에 들 것입니다.

엄마들이 안 보는 것은 그 사진 밑에 있는 이력입니다. 유명 학원 강사들의 이력을 채우고 있는 것은 대부분 그들의 학원강사 이력입니다. 어느 대학 출신인지, 전공은 무엇이었는지 등의 기본 정보도 없는 경우가 태반인데, 그것에 주의를 기울이지 않아 잘 모릅니다. 사실 그것만 보고도 학원 보내기를 주저해야 합니다. 출신 학교 정보가 없다는 것은 출신 학교가 그리 공부를 잘하지 못해도 갈 수 있는 곳이라는 의미이기 때문입니다.

그렇다면 일류대 출신들이 강사를 하고 있는 곳은 학교보다 더 잘 가르치지 않을까 하는 의문이 또 생깁니다. 그럴 가능성이 당연히 있습니다. 그러나 그들이 왜 일류대 출신인데도 불구하고 정식 학교가 아니라 사설 입시학원에 있는지에 대해선 당연히 의문을 던져야 합니다. 왜 낮에 모든 학생들을 위한 교육을 하는 것이 아닌, 밤에 오로지 점수를 높이기 위해 모인, 그것도 대개 자발적이 아니라 등 떠밀려 온 일부 학생들을 위한 수업을 하고 있는지에 대해 그들에게 물어보아야 합니다. 혹시 그들은 천부적인 공부 잘하는 재주를 단지 돈 버는 수단으로만 쓰는 데에 아무런 거리낌이 없는 영혼 없는 수재들인지 의심해봐야 합니다.

그리고 엄마들이 모르는 비밀이 하나 그들에게 있습니다. 사실 그들은 공부를 잘 못하는 아이들이 왜 그런지에 대해선 잘 모릅니다. 항상 공부를 잘해왔던 그들로서는 어떻게 하면 그 아이들이 공부를 잘하게 되거나 좋아하게 될지에 대해선 완전 무지할 수도 있습니다. 일류대를 나왔는데 공부 못하는 아이들을 잘 이해하고 그들의 눈높이에 맞춰 잘 가르치는 선생들의 수는 따라서 매우 적습니다.

학원의 정체는 한마디로 '엄마들의 마음의 평화와 희망 유지를 위해 아이들이 자기계발 시간을 희생해가며 학교 수업시간에 이어 또다시 들러리 서주러 가는 곳'입니다. 학원업자들은 절대로 학생들의 미래에 대해 진정성을 가지고 고민하지 않습니다. 교육기관이 아니라 사업체이기 때문입니다.

단도직입적으로 말해서 돈을 벌려고 만든 업체입니다. 당연히 관심이 '어떻게 하면 돈을 벌까'에 집중되어 있습니다. 어떻게 하면 보다 많은 학생들을 모아 손익분기점을 돌파하고 어떻게 하면 경쟁 학원에 아이들을 뺏기지 않을 것이며 어떻게 하면 부모들을 설득해 계속 자기 학원에 다니게 할까에 모든 신경을 곤두세우고 있는 곳이란 말입니다. 당연히 아이들 각각에 맞는 교육이나 조언 같은 것은 관심 밖입니다. 모든 아이들에게 이 학원에 와서 공부만 하면 네 인생은 달라진다고 미혹하게 되지요.

공부 말고 다른 것을 해보라거나 공부 못해도 좋으니 자신감을 가지라는 말 따위는 그들의 사업을 망치는 악마의 언어입니다. 그들에게 아이들은 그저 봉일 뿐입니다. 그중에서도 공부 못하는 아이들은 아무리 다녀도 실력이 별로 개선이 안 돼 장기간 다닐 수밖에 없는 놓쳐서는 안 되는 중요한 고객이고, 부모가 돈까지 많다면 완전 VIP 고객입니다. 그리하여 그런 아이들은 서서히 오랜 세월 동안 아주 잘 학원에 중독됩니다.

그런데 엄마들은 처음에 어떻게 학원에 대해 알게 될까요?

'스피커'라는 엄마들

사실 우리나라 온 동네에 혹은 엄마들의 모임에 가면 이 학원이라는 데를 돈도 안 받고 나서서 홍보해주는 사람들이 있습니다. 엄마들이 학원에 아이들의 인생을 맡기는 결정의 시작은 대개 그들로부터 비롯됩니다. 그들은 통상 '스피커'라고 불립니다. 누가 붙여준 별명일까요? 바로 학원들이 그랬습니다. 학원장들에게 그들은 원망의 대상인 동시에 상전입니다. 그들이 어디로 움직이느냐에 따라 학원의 손익이, 심하게는 학원의 존폐가 왔다 갔다 합니다.

그들의 행동 특징은 이렇습니다. 일단 남의 일에 관심이 많습니다. 엘리베이터나 복도에서 혹은 셔틀버스 대기 장소에서 누구를 만나든 질문을 던지죠. 워낙 대놓고 던져서 대부분 얼떨결에 대답을 하게 되는데 바로 그 순간, 그들의 마수에 걸려듭니다.

"저 405호 사시죠?"

"아, 네~."

"애가 아주 똑똑해 보이데요. 인사성도 밝고."

"(여기서 잠깐 뿌듯.) 아, 네, 그래요?"

"학원 가는 것 같던데 어디 다녀요?"

"아, 저기 그 OOO학원."

자, 여기서 스피커의 반응이 두 가지로 갈립니다. OOO학원이 자신의 아이가 다니는 곳이면 '화들짝 반색' 모드, 다른 곳이면 '완전 걱정' 모드.

먼저 화들짝 모드는 이렇습니다.

"어머, 우리 아이도 거기 다녀요. 어떻게 아셨어요? 거기가 여기 영어학원 중에선 최고예요. 선생들 수준 높고, 교재도 장난 아니고, 작년엔 특목고 38명이나 보냈잖아요?"

반면 완전 걱정 모드는 이렇습니다.

"(갑자기 톤이 낮아지면서 얼굴을 살짝 찌푸리며) 아, 그래요? 보낸 지는 오래됐어요?"

"(뭔가 있다는 느낌에 불안해지며) 왜요?"

"(의도적이든 아니든 좀 망설이며) 아니에요. 그냥…… 뭐…… 좀 …… 그런 게 있어요."

"(은근히 살짝 약이 오르고) 저기 좀 그런 게 뭔지……?"

"(절대 자신의 경험이라고 하지 않으며) 아니, 내가 좀 들은 얘기도 있고……."

스피커들의 정보는 매우 묘합니다. 일단 근거가 확실한 것은 거의 없습니다. 자신의 경험이나 지식이 아니라 누군가가 전해준 것을 전달하는 경우가 대부분이기 때문입니다.

그런데 그들은 왜 그렇게 열심히 정보를 퍼뜨릴까요? 쉽게 말해 자기 아이들이 다니는 학원이 대세가 되기를 원하기 때문입니다. 그래야 일단 안심이 되고, 자존심도 충족됩니다. 그렇게 그 학원이 대세가 되면 설사 그 학원이 잘못된 것이었다 하더라도 망한 사람들 수가 많아 덜 억울하기도 합니다.

그런데 스피커들이 갑자기 조용해지기도 합니다. 대개 그 학원이 정말 좋은 성과를 내기 시작할 즈음부터죠. 그런 사람들이 좋은 정보를 열심히 전하는 경우는 몹시 드뭅니다. 이유는 간단합니다. 좋은 정보는 독점할수록 가치가 높아지니까요. 특히 그것이 아이 교육에 관련된 것이라면……. 그렇게 해서 자신의 아이들만 제대로 된 학원에 다녀야 경쟁력 우위를 점한다고 생각하는 것이죠.

동네에 새로운 학원이 생기면 그들에게 비상이 걸립니다. 그래서 득달같이 정보 수집에 들어갑니다. 직접 방문도 하고, 설명도 듣고, 오픈 설명회에는 당연히 필참합니다. 그리고 남의 얘기, 자신의 느낌과 분석을 모아 자기 아이들의 학원과 비교해보고 더 못한 부분을 열심히 찾아내어 결론을 내립니다.

'그래, 이런 점이 틀렸다니까.'

새 학원의 초기에는 일단 관망하는 자세를 유지하던 그들은 얼마가 지나지 않아 그 학원에 아이들이 다니는 게 보이고 그 숫자가 늘어나면서 점점 불안감을 느끼기 시작합니다.

'어, 저 사람들은 왜 저길 보내지? 혹시 저기가 더 좋은 거 아냐?'

그렇다면 이제 할 일은 사람들이 거기를 못 가게 하는 것입니다. 예전의 분석에 상상력까지 가미하여 악성 루머를 퍼뜨리기 시작합니다. 스피커라는 이름에 걸맞게 말발도 좋아 사람들은 쉽게 그녀의 말에 넘어갑니다. 스피커는 이제 다시 안정을 찾게 됩니다.

이들은 신기하게도 그렇게 욕하던 바로 그 학원에 아이를 보내기도 합니다. 단 그 학원이 그 동네의 대세가 되면……. 물론 자신의 말을 예전에 들었던 엄마들의 눈총을 받기도 하지만 그녀는 애써 무시합니다. 어쨌든 자기 아이는 대세에서 소외되어서는 안 되니까요.

좌우지간에 그들의 스피커에서 나오는 부정확하고 억지스러운 정보들은 열정적으로 그리고 지속적으로 전파됩니다. 자신과 친하냐 안 친하냐도 가리지 않고, 때와 장소도 가리지 않습니다.

놀라운 현상이지요. 그런 정보가 퍼지면 이득이 되는 학원 원장들이 밥을 산다는 보장도 없고, 지역 사회에서 좋은 정보 퍼뜨렸다고 표창장을 주는 것도 아니니 말입니다. 어쨌든 그들의 그런 보상도 바라지 않는 헌신적인 노력에 힘입어 이제 온 동네 아이들은 학원에 다니게 되었습니다. 그리하여 온 동네 아이들이 학원에 다니는 현상에 이제 '현실'이라는 표지가 붙게 됩니다.

공부만이 살 길이라는 신화는 끝났다!

"학원에 안 보낼 수가 없어요. 그게 나쁠 수 있다는 것은 알지만, 다들 하는 게 현실이니까요."

왜 그리 학원엘 못 보내서 안달이냐는 추궁에 밀려 그녀들이 마지막에 던지는 비장의 무기가 바로 저 말입니다. '다들 해도 우리 아이는 안 할 수 있다'는 지극히 상식적인 생각과 완전히 배치되는 발언이죠. 그런 말을 하는 사람을 엄마들은 오히려 외계인 처다보듯 합니다. 그러면서 이렇게 덧붙이죠.

"참 이상적인 말씀만 하시네요."

엄마들이 아이들을 학원에 보내지 않고 버티는 것이 이상적인 일이라고 생각하는 것이 이 모든 기이한 현상의 근본 원인입니다. 정우성 같은 얼굴에 키 180센티미터 정도의 서울대 출신 법조인을 만나 결혼하는 게 이상이지만 적당한 용모에 그럭저럭 이름은 좀 알려진 회사를 다니는 이류대 출신 남자를 만나 결혼해서 사는 게 현실인 것처럼, 아이들이 학교 다니는 것으로 필요한 공부를 충족하고 나머지 시간은 가족과 유대감을 쌓고 자신의 꿈과 재능을 계발하면서 사는 '이상' 대신 학원이든 과외든 최대한으로 시켜서 일단 성적부터 올리고 봐야 한다는 '현실'을 무시할 수 없다는 게 그들의 주장인 것입니다.

남들보다 공부를 잘해야 우리나라에선 먹고살 수 있다! 이 명제가 바로 그들이 그런 주장을 하게 되는 근거입니다. 그것도 절대적 명제여서 반론을 불허합니다. 그 명제를 절대라고 인정하는 순간 엄마들의 머리를 지배하는 것은 조급함입니다.

'남들보다 잘하려면 남들보다 더 일찍 시작해야 해.'

그것을 부추기거나 노리는 사교육 장사꾼들도 당연히 준동하게 되죠. 그리하여 돌도 안 지난 아이를 영어유아원에 보내겠다는 아내가 있습니다.

기가 막힌 남편이 말합니다.

"얘, 아직도 아기야. 당신 너무하는 거 아냐? 애 하는 행동을 봐봐. 이제 겨우 세상 구경하는 판인데 영어가 뭔 말이야? 모국어도 못하는데……."

엄마가 대꾸합니다.

"당신은 이상적인 얘기 좀 그만해. 지금 다른 애들은 어떻게 하고 있는지 알아?"

"다른 애들이 무슨 상관이야? 우리 애가 상식적이고 정상적으로 자라나도록 하면 되지. 그럼 다른 애들이 궁극적으론 망하는 길을 가더라도 따라가게 할 거야?"

엄마들은 대개 여기서 말이 막히면서 화가 치밉니다. 그래서 말도 극단으로 치닫습니다.

"남들 하는 대로 안 하다가 애 바보 되면 어떻게 하려고 그래?"

"아니 학원 안 다닌다고 바보 되면 과거에 학원 없을 때 살았던 우리는 뭔데?"

"그렇게 간섭할 거면 당신이 애 교육 책임져. 난 빠질 테니까. 당신이 학교 선생 만나고 학원 찾아다니면서 정보 얻어서 애 공부 시켜."

이쯤 되면 아빠도 화가 납니다.

"그럼 당신이 나가서 내가 버는 만큼 돈 벌어 와. 내가 애 공부 신경 쓸 테니."

그다음부턴 파국으로 치닫습니다. 물론 주제도 확 바뀌지요.

"당신 그 말 진심이야? 그러니까 내가 남들처럼 맞벌이하지 않고 집에만 있는 게 불만이었구나? 그치? 그러니까 내가 우스워 보인다는 거지?"

여기서 아빠는 잠깐 망설입니다. 그러나 그것도 잠시 이내 이성을 잃고 맘속에 담아놓았던 말을 하고 맙니다.

"사실 내가 당신보다 더 똑똑하잖아. 당신보다 더 좋은 대학 나왔고, 책도 더 많이 읽었어. 그리고 나이도 더 많아. 그런데 당신은 뭐가 잘나서 사사건건 애 교육 문제만 나오면 무시해? 공부 더 잘한 내가 교육시키는 게 당신보단 훨씬 나을 거야. 내 말이 틀렸어?"

사태는 이제 걷잡을 수 없게 되었습니다. 수습을 제대로 하지 못하면 정말 이혼 법정에까지 갑니다. 그런 사례 여럿 봤습니다.

그러나 대개는 아빠가 항복합니다. 뭔가 잘못되어간다는 느낌이 있지만, 그래도 아이들에게 학원 가라고 강요하는 엄마와 사는 게 이혼한 엄마와 사는 것보다는 낫다는 생각을 하기도 합니다. 그러는 와중에 회사 일도 점점 바빠지면서 체념 혹은 무관심 상태로 접어들게 되죠.

자, 드디어 엄마들이 아이 교육의 전권을 잡았습니다. 그리하여 그들은 일찌감치 아이들의 공부 관리에 들어갑니다.

가장 먼저 시작하는 게 영재성 키우기, 그다음엔 한글 떼기, 그다음엔 영어, 그다음엔 수학……. 자신의 아이가 누구보다도 더 '영재'스럽고, 한글도 빨리 떼고, 영어, 수학도 잘했으면 좋겠다는 엄마들의 강렬한 욕망을 시장은 또 잘 받쳐줍니다. 도대체 이 뜬금없는 욕망은 어디서 비롯된 걸까요?

그 비밀은 바로 엄마들에게 있습니다. 대다수가 과거에 공부를 잘하지 못했다는 사실 말입니다. 엄마들이 자라난 환경이 바로 공부 일변도였습니다. 그때는 더군다나 온 사회가 별로 풍요롭지 않아서 그저 공부 잘해서 일류대 가고, 판사, 검사, 회계사 되고, 대기업 취직하는 길이 가장 성공적인 길이었죠. 그런데 그 길을 갈 수 있기 위해 필요한 공부 능력은 극소수에게만 부여되었고, 나머지는 그저 그들의 들러리로 살았습니다. "공부도 못하는 게"라는 말과 함께 던져지는 숱한 비하 또한 견뎌야 했죠. 그 한은 뼛속 깊이 사무쳤고, 자신의 능력으로는 앙갚음을 해줄 수가 없는 상태에서 아이가 눈에 들어옵니다.

분명히 아이가 막 태어났을 때에는 그저 열 손가락 열 발가락 다 있고, 정상적으로 잘 커가는 것만으로 행복해했던 엄마들이었는데, 걸음마를 떼고, 말을 하고, TV 어린이 프로그램을 보고, 동화책을 읽어달라는 것을 접하면서 서서히 눈빛이 바뀌어가기 시작합니다.

'그래. 이 아이가 나처럼 당하게 놔둘 수는 없어.'

'그래. 얘를 잘 키워서 나를 무시했던 것들한테 본때를 보여주겠어.'

이렇게 점점 악마의 속삭임 같은 내부의 목소리에 귀를 기울이게 되면서 옆집 아이들이 보이고, 그들의 엄마들과 보이지 않는 경쟁체제에 들어갑니다. 그리하여 최대한 빨리, 가장 좋은 기회를 잡아 이 아이를 누구와 비교해도 꿀리지 않을 최고 수준으로 키우리라는 일생일대의 목표를 설정하게 됩니다. 엄마들의 결기에 찬 표정에선 더 이상 자애로운 모정을 쉽게 찾을 수가 없게 됩니다.

그런데 과거 잘나갔던 엄마들도 학원 열풍에 동참하고 있는 건 어떻게 이해해야 할까요? 이들은 다른 의미로 학원에 집착합니다. 아이가 공부를 잘 못하는 게 도무지 납득이 안 되는 경우죠. 남편도 좋은 대학을 나왔고 본인도 꽤 괜찮은 대학 출신인데, 왜 이 아이는 공부를 잘 못하는지 그리고 도대체 왜 낮은 성적에도 그리 태평한지 알 수가 없어 학원에 매달리게 됩니다. 주변의 기대 또한 막강한 힘을 발휘하죠.

"엄마, 아빠가 다 일류대 출신이니까 아이는 공부 잘하겠네."

이 말은 공부 못하는 아이를 둔 명문대 출신 부부에게는 거의 심장을 꿰뚫는 비수와도 같습니다. 그리하여 이 엄마들도 아이들의 비교 우위 달성을 향한 무작정 진군 대열에 적극적으로 합류합니다.

그러니까 어떤 집단에 속하든 간에 모두들 공부만 잘하면 모든 게 오케이라는 이상한 증후군에 걸려 있는 것만은 확실합니다. 살다 보면 공부를 못했던 친구가 시집 한번 잘 가는 바람에 부귀영화를 누리고 있거나 맨날 말썽만 피우던 녀석이 기발한 아이디어 하나로 엄청난 부를 쌓고 있는 경우를 알게 되기도 하고, 공부를 잘했지만 그냥 평범한 인생을 살고 있거나 오히려 남들보다 더 힘들게 사는 경우도 심심찮게 많이 볼 수 있어서 '공부를 잘하는 것이 성공의 기본 조건'이라거나 '공부를 못하면 인생 실패자'라고 단순화 혹은 일반화시킬 수는 없다는 것 정도는 누구나 경험으로 알 수 있기 때문입니다. 오히려 살면 살수록 '공부만이 살 길은 절대로 아니구나'라는 지혜가 생겨야 정상입니다.

그러나 대한민국의 보편적인 엄마들의 마음속에선 그런 지혜는커녕 아이가 커갈수록 '공부 잘하는 아이 만들기'에 대한 욕망이 점점 더 커져만 갑니다.

이루어질 수 없는 꿈, 국제중 가기

그렇듯 가열찬 욕망의 눈에 가장 먼저 들어오는 것이 국제중학교입니다. 가장 유명한 게 유일하게 전국 단위로 뽑는 가평의 청심국제중인데, 정원이 달랑 100명입니다. 서울의 영훈국제중과 대원국제중 정원이 320명이고, 부산국제중은 60명. 해서 총 정원이 480명 남짓입니다.

날마다 백점을 맞아서 늘 일등을 하는 애들이 모여 시험을 쳐서 그중에서도 합격, 불합격을 가리는 그런 곳이란 얘기입니다. 그런데 어느 국회의원 보좌관의 조사에 따르면 여기 들어가보겠다고 수십만 명이 초등학교 3학년 때부터 국제중 전문학원엘 다니기 시작한답니다.

참으로 기이한 일입니다. 왜냐고요? 엄마들이 자신의 아이를 그렇게 모를 수가 없기 때문입니다.

좀 더 정확히 말씀드리지요. 청심국제중학교라는 곳에 입학하는 아이들은 무조건 전교 1등이라고 보면 됩니다. 전국의 초등학교는 5,800개가 넘습니다. 그중 서울, 부산, 인천, 대전, 광주, 울산,

대구 등 대도시 지역 초등학교만 합쳐도 1,680여 개입니다. 이 수치에는 사립학교가 빠져 있습니다. 다시 말해서 전교 1등도 웬만해선 국제중학교 꿈도 못 꾼다는 의미입니다. 자신이 배 아파 낳은 아이가 전교 1등을 할 아이인지 아닌지를 모른다면 그것은 정말 기이한 현상입니다.

이 기이한 현상을 극명하게 보여주는 현장이 국제중 입시 설명회 행사장입니다. 매년 연말이 되면 어김없이 전국을 돌며 벌어지는 이 행사는 주로 국제중, 특목고 입시 전문학원이 주최합니다. 엄청나게 넓은 장소에서 열리는데 대개는 꽉꽉 들어찹니다. 행사를 알리는 광고나 전단지에 '미리 예약하고 오세요'라는 문구가 꼭 있지요.

신문이나 방송에 소개될 때 거기 앉아 있는 엄마들의 표정을 보면 퍽이나 진지하고 심각합니다. 무슨 대단한 비법이라도 소개받게 될까 하고 기대를 많이 한 모습입니다. 왜 그럴까요? 비법이라도 있어야 국제중에 갈 수 있을 것 같거든요. 그러니 장담컨대 그 자리에 앉아 있는 엄마들의 자녀들은 십중팔구 아니 100명 중 99명은 국제중에 가지 못할 게 뻔합니다. 공부를 잘하게 만드는 비법은 마치 불로장생 비방처럼 존재하지 않기 때문입니다.

잘 모르는 분들을 위해 혹은 일부러 모른 척하고 있는 분들을 위해 국제중학교 갈 운명을 지닌 아이들의 특징을 알려드리겠습

니다. 일단 초등학교 6학년이 될 때까지 한 번도 공부 때문에 속
썩인 적이 없습니다. 오히려 그 반대로 너무 공부만 해서 건강에
대한 걱정이 앞서지요. "아무리 일요일이라지만 어떻게 하루 종
일 글자 한 자를 안 보니?" 이런 말을 듣는 대신 "공부 아무리
잘해도 건강 잃으면 다 소용없다. 나가서 운동 좀 해"라는 말을
듣는다는 거죠. 게다가 늘 앎에 대한 욕구가 넘쳐서 책을 뒤지고
백과사전을 끼고 살고, 어디를 가든 책을 끌고 다니는 버릇이 징
합니다.

어떤가요? 이 정도만으로도 여러분들의 자녀들은 이미 다 탈락
되지 않았나요? 그쯤 되면 부모가 아니라 주변에서 국제중 갈 만
하다는 이야기를 해줍니다. 선생들이 혹은 교장이 나서서 추천서
써주겠다고 나서기까지 하죠.

애가 돌연변이가 아니라면 사실은 집안에 그와 비슷한 사람들
이 있습니다. 삼촌이든 고모든 이모든 사촌들이든 간에 놀러 가
서도 책 보고 있고, 책 이야기하고, 퀴즈 풀이 좋아하는 유전인자
를 가지고 있음을 드러냅니다. 지적 호기심이 남달라 결국엔 이런
이야기도 듣죠.

"넌 도대체 모르는 게 뭐니?"

이런 얘기를 하는 엄마들도 있습니다. 청심국제중학교 갈 애들

은 태어날 때 양 손에 '청' 자와 '심' 자가 쓰인 채로 태어난다고 말입니다. 공부 쪽으로 타고난 아이라야 갈 수 있는 곳이라는 걸 아주 잘 표현한 건데, 그 정도로 특이한 아이들이니 우린 아마 평생 살면서 청심국제중학교 출신을 단 한 명도 못 만날지도 모릅니다.

그래도 미련이 남는 분들을 위해 청심국제중학교에서 낸 면접 문제 몇 개 소개하지요.

- 조선의 조혼 제도에 대해 말해보라.
- 유명 인사의 학력 위조 문제의 원인은 개인에게서 찾을 수 있는가 아니면 고학력을 중요시하는 사회 구조에서 찾을 수 있는가?
- 자신을 대표할 수 있는 계절과 색을 고르고 이유를 말해보라(영어 면접).
- 실업자 증가에 따른 가계와 기업의 어려움이 무엇인가요?

자, 소감이 어떻습니까? 과연 이런 문제들을 푸는 능력을 학원에서 만들 수 있을까요? 이런 건 그야말로 타고난 아이들 아니면 못 풀 문제 아닌가요?

혹자는 이렇게 말합니다.

"그래도 학원이라도 다녀야 그 비슷한 문제라도 풀어봐서 내공을 쌓을 수 있지 않을까요?"

이러한 질문에 대해 청심국제중학교 면접 담당 교사들은 이렇게 대답합니다.

"정답이 무엇이냐가 아니라 얼마나 창의적으로 답을 하느냐가 관건입니다."

그들이 가장 싫어하는 답의 유형은 천편일률적으로 작성된 학원 스타일 답안이랍니다.

자, 그렇다면 학원을 다니는 것이 오히려 손해겠지요? 문제는 그럼에도 부모들이 아이들을 국제중 전문학원에 보낸다는 것입니다. 학원에만 보내는 것이 아니라 각종 경시대회나 경진대회 등의 공개 경쟁 판에도 아이들을 내몹니다. 그 이유는 단 한 가지. 국제중 합격에 필요한 스펙을 쌓아야 한다고 믿기 때문입니다.

여기 국제중에 입학한 한 아이의 스펙이 있습니다.

English   TOSEL Intermediate 9**

PELT Main 5**

TEPS 8**

TOEIC 9**

모대학 영어 경시대회 은상

IET 수상 실적

국어 및 논술 전국 단위 문학 대회 수상 실적

국어능력 자격 시험 4급

수학 전국 단위 경시 대회 수상 실적

과학 교육청 영재교육원 수료

전국 단위 과학 경시대회 수상 실적

예체능 지역·전국 단위 피아노 콩쿠르 수상 실적

해동 검도 2단

자격증 정보처리 기능사

정보 기기 운용 기능사

워드프로세서 1급

임원 경력 학급 반장 및 회장 5회

자, 이 모든 스펙을 갖추기 위해 아이는 얼마나 많은 시간을 들여야 했을까요? 아마도 새벽부터 밤늦게까지 공부에 매달려야 했을 것입니다. 그 시작은 분명히 영어유치원일 것이고요. 실제로 위의 스펙을 갖춘 아이의 아빠가 공개한 내용을 보면 다섯 살 때부터 영어유치원을 다니기 시작해서 초등학교 2학년까지 5년간 영어학원을 다녔고, 초등학교 2학년부터는 약 70여 권에 달하는 각종 영어 교재를 독파했다고 합니다. 물론 거기에는 토익·토플

교재처럼 어른들이나 보는 종류도 포함이 되어 있더군요.

영재교육원에서는 과학을 하고, 집에서는 수학 선행을 하고, 각종 경시대회도 나가는 등등의 모든 일을. 그런데 초등학교 3학년 이후로는 스스로 했답니다. 초등학생 아이가 그 많은 공부를 하려면 사실 한 가지 가능성밖에는 없습니다.

스스로 좋아서 하기! 그 외에는 불가능합니다. 한마디로 공부하는 것을 매우 좋아하는 기질을 타고났거나 남에게 지기 싫어하는 승부 근성이 남다른 아이들만이 할 수 있는 일입니다. 좋은 학원, 비싼 과외선생, 엄마의 24시간 감시 감독 같은 것으로는 절대로 가능하지 않은 일이 바로 국제중 준비입니다.

그런데 어떻게 시중에는 국제중 전문학원이니 프로그램이니 하는 게 존재할 수 있을까요? 거기를 다녔는데도 실패하면 더 이상 그런 곳에 아이들을 보내지 않게 되지 않나요? 너무나 상식적인 이 의문은 유감스럽게도 현실에선 반대의 현상으로 나타납니다. 그 비밀은 무엇일까요?

먼저 아이들이 국제중에 못 가게 된 것을 부모들이 학원의 탓으로 돌리지 않는다는 게 첫 번째 비밀입니다. 아이들이 학원의 가르침대로 제대로 열심히 하지 않아 그렇다고 생각합니다. 왜냐하면 아이들의 그런 모습을 늘 옆에서 봐왔으니까요. 공부 체질을 타고나지 않았으니 아이들은 당연히 학원에서 시키는 대로 가열차게 공부를 할 수가 없습니다.

두 번째는 그런 학원들이 거짓으로 혹은 과장해서 광고 혹은 홍보를 한다는 것입니다. 그 학원을 다녀서 국제중에 합격한 아이들의 얼굴과 이름이 실려 있는 전단지를 보면 엄마들 대부분이 혹하게 되고, 그리하여 상담실을 찾는 순간 게임은 끝납니다.

그 사진 속의 아이들이 정말 그 학원 출신일까요? 여기서 출신이라는 말이 중요합니다. 즉 얼마나 다녀야 출신이라고 하는 것인지에 대한 학원들의 정의는 어디에도 없습니다. 일주일만 다니고 그만둔 아이도 출신이라고 하는 건지는 사실 며느리도, 시어미도 아무도 모릅니다.

진실은 이렇습니다. 그런 학원 출신들 중에 국제중 가는 아이들은 정말 드뭅니다. 본래 국제중 정원 자체가 별로 많지도 않아서 그 많은 국제중 전문학원에서 나와봐야 한두 명 정도 나올 것입니다. 합격자 대부분은 스스로 타고난 공부벌레이거나 영재입니다. 대개 웬만한 학원 선생들보다도 수준이 높습니다. 학원엘 갈 이유가 없죠.

사정이 이렇다 보니 이제 엄마들은 일반 국제중으로 눈을 돌립니다. 지역 단위 모집 국제중은 꼭 공부를 잘하지 않아도 다른 조건으로 들어갈 수 있기 때문에 입시 부정 같은 일이 다반사로 벌어지죠. 스펙을 속이고, 출신을 속이고, 추천서를 돈 주고 사고, 자기소개서를 학원에 돈 주고 만듭니다.

문제는 그런 일들이 학교와의 담합하에 벌어지기도 한다는 것입니다. 최근에 터진 서울, 경기 지역 국제중 부정 입학 사건은 밝혀진 내용이 어쩌면 빙산의 일각일지도 모릅니다. 엄마들의 이런 행위는 정말 큰 문제입니다. 불법을 저질러서라도 국제중에 보내겠다는 건데, 그렇게 불법으로 인생 초반을 장식한 아이가 과연 어떤 사람이 될까요? 훌륭한 사람이 되기는 차치하고 제대로 정상적인 사람이 되기는 할까요? 세상 살면서 욕심나는 일이 많기 마련이고 그러다 보면 간혹 불법적인 일에의 유혹 정도는 누구나 받겠지만, 절대로 하지 말아야 할 일이 교육과 관련된 불법입니다.

결국 사건이 터지고 불법의 원인이자 당사자가 된 아이들의 심정은 어떨까요? 아마도 감당하기 힘든 심적 시련일 겁니다. 어른들조차 그런 일을 당해내기가 만만치 않죠. 어마어마한 공부 부담과 불법 행위. 이 두 가지는 아이들의 영혼을 결국은 갉아먹게 됩니다. 정상적인 부모라면 결코 아이들에게 강요하지 않을 일입니다.

이 경고를 무시하면 정말 무시무시한 일이 벌어집니다. 자살을 하거나 그럴 용기가 없으면 정신줄을 놓아버리는 거죠. 그 정도가 되어서야 엄마들은 비로소 잘못된 것을 깨닫지만 아무 소용이 없습니다. 아이들은 이미 돌아오지 못할 길을 떠난 뒤니까요.

그렇게 극단적인 경우까지 가지 않은 아이들도 심각한 상태에 빠지게 됩니다. 일단 공부에 넌더리를 치게 되는 건 기본이고, 우울증이나 틱 장애와 같은 정신과적 질환이나 자기 비하나 열등의식, 존중감 상실 등에 걸립니다. 부모 자식 간에 대화가 단절되고, 무서워서 아이에게 말도 못 붙이는 경우도 비일비재하죠.

소위 강남 3구에는 특히 그런 많은 사례가 있습니다. 실상이 이런데 세상에 별로 안 알려진 이유는 그들이 그냥 조용히 사라져버리기 때문입니다. 그래서 사람들이 접하게 되는 국제중 입시 이야기는 성공한 아이들의 이야기뿐입니다. 그리고 그렇게 성공시켰다는 고액 과외선생, 전문학원 등의 기세 역시 수그러들 줄을 모릅니다. 실패한 아이들의 엄마들 중 어느 누구도 그들을 허위사실 유포 및 사기로 고소한 적도 없습니다. 그리하여 그나마 멀쩡한 아이들은 이제 다음 기회를 노리게 됩니다. 바로 외고, 국제고, 과학고, 전국 단위 자사고 입시입니다.

패자부활전, 특목고 가기

외고, 국제고, 과학고 그리고 전국 단위 자사고는 국제중보다는 정원이 훨씬 많아서 노려볼 만하다고 생각합니다. 관련 전문학원이 호황을 누리는 중요한 이유입니다. 한 학년이 55만 명 정도라고 할 때 외고 총 정원은 2만여 명, 국제고 1,000여 명, 과학고 일반 지원이 1,300여 명, 과학영재학교가 800여 명, 자사고 일반 지원은 1,200여 명이니 도합 2만4천여 명, 대강 25 대 1정도입니다. 한 반 인원이 30명 정도이니 대강 반에서 일등을 하는 아이들이 지원하는 곳이라는 얘기입니다.

실제 경쟁률은 그보다 훨씬 높습니다. 그런 학교 가운데에도 일류, 이류, 삼류가 존재해서 우리가 통상 얘기하는 외고, 국제고, 과학고, 영재고, 자사고는 일류에 속하는 곳입니다. 그곳에 가려면 반에서 일등 하는 아이들끼리 다시 한 번 붙어야 하는 일이 벌어지니까요.

그런데도 그런 고등학교 입시 설명회에 역시 수많은 인파가 몰려듭니다. 자기 아이가 반에서 일등을 하고 있는지 아닌지 모르는 엄마들의 수 역시 장난이 아니게 많다는 뜻입니다. 전교 일등인지 아닌지 모르는 엄마도 그렇게 많으니 반에서 일등을 하느냐는 정말 모를 수도 있겠습니다.

사실 엄마들이 그걸 모르지는 않습니다. 누구보다 잘 알고 있다는 게 정답일 겁니다. 그러나 그들이 일류고 집착을 버리지 못하는 것은 아이들의 성적이 참 애매하게 나오기 때문입니다. 일단 반에서 5등 안에 드는 아이라면 엄마들은 십중팔구 이렇게 생각합니다.

'그래, 조금만 조이면 되는 성적이야.'

아이에게도 이런 말을 달고 살죠.

"얘. 넌 실수만 안 하면 돼. 시험 볼 때 조금만 더 집중하면 반에서 일등은 금방이야."

그러면서 한편으론 뭔가 확실하게 아이 성적을 올릴 방도가 없는지 백방으로 찾아다닙니다. 대개 특목고 전문학원에 다니는 것으로 출발합니다. 쓸 만한 전문학원을 다 다녀도 안 되면 이제 과외로 바꿉니다. 그래도 안 될 때쯤 우연히 소수 정예 비밀과외의 소문을 듣게 되죠. 전교 5등 내에 드는 아이들만 들어갈 자격이 있는 곳인데, 마침 그중 한 아이가 유학을 결정하는 바람에 한 자리가 비었다고. 거기 내가 특별히 소개해볼 테니 해보겠냐고. 아이가 일류고 갈 확률이 너무 줄어든 상황으로 인해 이미 영혼이 육체를 이탈한 엄마는 엄청난 수강료에도 아랑곳하지 않고 무조건 오케이를 외칩니다. 말도 안 되는 조건을 듣고도 말이죠.

"대신, 어머님 아이는 한 마디도 수업시간에 하면 안 됩니다. 질문이든 뭐든. 선생이 물어보지도 않겠지만……."

투명인간으로 앉아 있을지언정 그 자리에 함께하는 것만으로 수백만 원을 지불하는 이 비정상적 구도를 엄마는 기꺼이 감수합니다. 그리고 아이에게 이렇게 얘기하죠.

"선생님 말하는 거 한 마디도 놓치지 말고 듣고, 거기 아이들 하는 거 잘 보고 그대로 따라만 해. 수업 태도, 문제 푸는 방식은 당연하고 숨 쉬는 것, 밥 먹는 것까지 잘 보고 따라 해. 알았지? 그래야 일류고 문턱에라도 가. 이거 얼마짜린지 알지?"

반에서 10등 안에 드는 아이도 엄마의 생각으론 충분히 가능성을 지닌 재원입니다. 다만 남들에 비해 집중력이 좀 떨어질 뿐이죠. 또 시험이 끝나면 아이들 스스로 이런 말을 하기도 합니다.

"아는 건데, 시험 때 그만 생각이 안 나는 거야. 머리통 터지는 줄 알았어."

"이번에는 문제가 이상했어. 말도 안 되는 문제가 여러 개 나왔는데, 그런 건 맞히는 게 더 이상해."

자신들은 변명이나 위안 삼아 했겠지만 엄마들의 온 동네 사교육 순례를 촉발시키는 말이 되고 맙니다. 종국에는 역시 고액 과외선생의 부만 크게 증가시켜준 걸로 결론이 납니다. 신기한 것은 그렇게 뭐든 잘 따지는 우리나라 엄마들이 유독 이런 경우에는 순진하기 짝이 없다는 것입니다. 상식적으로 보자면 당연히 그 고액 과외선생들이 결과에 책임을 져야 합니다. 그런데 그런 얘기 들어본 적이 없죠. 왜일까요? 시작하기 전에 결과에 관계없이 책임 묻지 않겠다는 각서라도 썼을까요?

그렇다면 반에서 20등 내에 드는 아이들의 엄마들은 포기할까요? 아닙니다. 그들도 아이들이 2학년 1학기 기말고사가 끝날 때까지는 죽어도 포기하지 않습니다. 그리하여 2학년 1학기 중간, 기말 성적이 A가 아님을 확인하면서 첫 번째 갈등의 순간이 옵니다.

'이제 어떻게 하지?'

고민에 빠진 엄마는 결국 상담을 받으러 갑니다. 물론 학교가 아니라 학원으로! 왜냐하면 학교에는 특목고 전문 선생이 없기 때문입니다. 상담 결과는 어떨까요? 가기 전에 이미 답은 나와 있었습니다. 엄마가 학원으로 상담을 받으러 가는 것은 제 발로 늪에 들어가는 것과 마찬가지인 거죠. 게다가 바로 코앞에 방학이 있는데 학원 상담실장이 넝쿨째 넘어온 고객을 놓칠 리가 없습니다.

"이번 방학에 한번 빡세게 잡아봅시다. 한 학기 성적 놓친 걸로 포기하기는 시기상조죠. 이렇게 성적이 안 좋다가 크게 발전한 경우가 오히려 더 유리한 학교도 있으니까요."

"얘가 초등학교 때까지는 꽤 잘하는 편에 속했거든요. 그런데 중학교 가더니 공부에 집중을 잘 못하는 것 같았어요."

"여러 가지 원인이 있죠. 친구 관계나 선생들이 별로거나 아무튼 우리 학원의 스파르타 학습 환경에선 누구나 집중하지 않곤 못 배기죠. 한번 맡겨보세요."

"정말 그럴까요? 제발 그렇게만 만들어주세요. 최대한 빡세게 해도 괜찮아요. 쟤는 원래 시키는 대로 하는 건 잘해요."

방학이 지나고, 또 중간고사가 닥쳐오고, 엄마의 노심초사를 무색하게 하는 성적을 또다시 아이가 받아들고 오면 엄마는 드디어 결단의 순간과 맞닥뜨립니다. '포기'냐, '못 먹어도 go냐' 중에 go를 선택하는 순간 또다시 고액 과외선생의 손아귀에 걸려들게 되죠.

그러면 반에서 20등 바깥에 있는 아이들은 괜찮을까요? 괜찮지 않습니다. 이들의 부모들에게 학원 상담실장들은 이렇게 말합니다.

"물론 어렵습니다. 그러나 한번 해본다는 것이 중요하죠. 외고에 도전을 해본 아이와 안 해본 아이는 나중에 큰 차이가 납니다. 해본 아이는 비록 성공하지는 못했지만, 미련은 없죠. 게다가 그 와중에 기본은 건집니다. 안 해본 아이는 도전 의욕을 불태운 경험이 아예 없는 셈이어서 나중에 뭘 해보기도 전에 포기하게 되죠. 당연히 기본적인 학습도 안 되어 있을 가능성이 크고요."

이쯤 되면 반은 협박입니다. 그러나 엄마들은 쉽게 그들의 이야기에 동조합니다. 무엇보다 자신들의 속마음을 족집게처럼 집어냈기 때문입니다. 나중에 적어도 이런 이야기만큼은 할 건더기는 있어야 자존감을 조금이라도 유지할 수 있다고 생각하는 거죠.

"외고 쳤는데 떨어져서 할 수 없이 일반고에 간 거야. 실력은 충분했는데 그 전날 하필이면 독감에 걸려서 그만⋯⋯."

자, 이제는 아시겠지요? 전국에 특목고 전문학원은 왜 그리 많고, 그 많은 학원이 어찌하여 잘 망하지도 않는지.

사실 그런 학교들의 입시요강만 잘 살펴보아도 그곳에 가기를 꿈꾸는 것이 보통 아이들에게는 매우 무모한 일이라는 것을 알 수 있습니다.

예를 들어 민사고라는 곳을 한번 볼까요? '민사고 입시', '민사고 가려면' 등의 검색어로 인터넷을 뒤져보면 대충 민사고에 가기 위해 필요한 능력이 드러납니다. 첫째, 내신 성적은 무조건 최고 수준에 들 것. 둘째, 봉사 활동, 동아리 활동, 독서 활동 등 좋은 인성을 증명하고 함양하는 데 많은 시간을 들인 증거가 있을 것.

이 두 가지가 일단 기본적인데, 이 조건을 충족하면 두 종류의 면접을 통과해야 합니다. 인성 면접과 영어 면접. 이 두 면접에선 가히 무한 범주의 질문이 던져지는데 예를 들면 '민족 주체성을 고취시킬 만한 교육 시스템으로 추가하고 싶은 게 있다면 어떤 게 있을까?'라든가 '외계인에게 사랑을 고백할 수 있는 방법을 말해보라'는 등의 문제들이 나온답니다.

먼저 최고 성적과 다양한 기타 활동을 중학교 3학년 동안 다 해치우려면 공부는 '혼자서도 잘해요'과가 아니면 안 됩니다. 그래야 다른 활동을 할 시간이 확보되어 있는 셈이니까요. 봉사, 동아리, 독서 등등은 모두 스스로 우러나서 해야 충분한 시간을 통해 성과를 내게 되는 활동인데 억지로 해서는 그 활동에 대한 면접장에서의 질문을 통과할 수 없습니다. 상상 밖의 질문을 받고 즉각 기발한 답을 생각해내는 능력은, 게다가 노력한다고 해서 되는 게 아닙니다. 타고나야죠.

일류 외고, 국제고, 전국 단위 자사고 등도 역시 생활기록부 활동을 중요한 전형 요소로 도입하고 있어서 그런 데 가려면 한마디로 잘 타고나야 한다는 것은 불문가지입니다. 원래 공부를 좋아해서 어릴 때부터 독서량이 엄청났는데 중학교 가서는 그 덕에 학교 내신 시험은 거의 장난처럼 백 점을 받아오고, 본래 인성이 착해 스스로 어려운 이들을 돕기를 즐겨 하며, 이런저런 재주와 관심이 많아서 악기면 악기, 운동이면 운동, 뭐 하나 시작하면 열과 성을 다하는 아이. 그런 아이들이 가는 곳이 외고, 국제고, 과학고 그리고 전국 단위 자사고입니다.

이제 아시겠지요? 제발 꿈 깨시기 바랍니다. 국제중, 국제고, 외고, 과학고, 전국 단위 자사고 모두 대부분 아이들의 인생과는 상관없는 곳입니다. 타고난 공부 체질이라야 갈 수 있고, 가서 견뎌 냅니다. 그렇지 않은 아이들에게는 이루어질 수 없는 꿈이자 이룰 필요도 없는 꿈인 셈이지요. 어쩌다 운 좋게 그런 데에 들어간 비공부 체질들은 그들을 따라가느라고 엄청난 돈을 또 사교육에 바치게 되기도 합니다.

그래서 특목고 열풍에 빠져 떼돈을 들여가며 아이를 온갖 방식으로 잡는 일은 아무리 따져봐도 참 정신 나간 짓입니다.

영재교육원에서 찾는 허상

언젠가부터 불기 시작한 영재 바람 역시 불가사의한 현상입니다. 원래 영재들은 워낙 희귀해서 바람의 대상이 되기가 무척 힘든데 우리나라에서는 그렇지 않습니다. 아이가 공부에 조금의 관심이라도 보일라치면 엄마들이 바로 영재교육원 시험 준비에 돌입합니다. 당연히 시장엔 영재교육원 시험 대비를 해주는 학원이 널려 있습니다. 너무 많아서 영재 교육과 앞뒤가 안 맞아 보이는 게 뻔한데도 엄마들은 이미 '영재'라는 어휘가 품은 마력에 걸려 거의 무조건적 수용을 시도합니다.

영재는 어떤 아이를 말하는지 아마 다들 모르는 모양입니다. 사실 모를 리는 없고 애써 모르는 척하고 있을 가능성이 크지요. 차제에 명확하게 그리고 외면하지 못하게 정의를 내려드리지요. 영재는 재주를 타고난 아이입니다. 여기서 중요한 것은 '타고난'이라는 부분입니다. 절대로 길러지지 않는다는 얘기지요. 엄마들은 이 대목에서 궁금할 것입니다. 그럼 어떤 아이가 영재인지 알아볼 수 있는 판별법은 있는지에 대해서 말입니다. 있기는 한데 사실 이런 게 궁금한 엄마들의 아이들은 이미 영재가 아닐 가능성이 높습니다. 왜냐하면 영재를 자식으로 둔 엄마들은 이미 아이가 영재임을 너무나 잘 알고 있기 때문에 그런 게 있는지에 대한 고민도 하지 않습니다.

영재인 아이들은 온몸으로 자신이 영재임을 웅변합니다. 미국의 어느 영재 전문가가 방송에 나와 밝힌, 영재의 중요한 특성 두 가지를 알려드리지요. 먼저 영재는 하루 종일 타고난 재주를 스스로 갈고 닦는 엄청난 몰입을 보입니다. 피아노 영재는 하루에 열일고여덟 시간을 피아노를 치고, 컴퓨터 영재는 열세 살 때부터 프로그래밍을 하여 퍼스널 컴퓨터가 대중화되었을 때 그 분야에서는 따를 자가 없었으며, 축구 영재는 모든 이동에 축구 동작을 결합시켜서 축구공을 몰고 다니다 보니 고등학교 때 이미 역대 최고의 골게터가 됩니다. 랑랑, 빌 게이츠, 박주영 선수가 그런 사례들이지요. 에디슨이 말한 '천재는 1%의 영감과 99%의 노력으로 이루어진다'의 참뜻이 바로 이 몰입을 말한 겁니다. 타고난 1%가 없이는 절대로 99%의 몰입은 불가능합니다.

두 번째 특성은 학교가 싫어하는 아이들이라는 것입니다. 오로지 하나에 집중하고 있는 아이만큼 선생들이 난망해하는 대상이 없습니다. 발자크, 그레이엄 벨, 에디슨, 아인슈타인, 월트 디즈니 등이 그러했죠. 그런데 영재들이 학교를 싫어하지는 않습니다. 왜냐하면 수업은 지루해도 친구들이 있으니까요. 영재 아닌 아이들 하고 정말 다른 부분입니다. 비영재 아이들은 대개 자신들이 학교를 싫어합니다. 물론 학교로부터는 하루만 결석해도 바로 전화가 옵니다. 영재는 결석해도 안 올 수 있습니다. 영재가 수업시간에 안 보이는 게 오히려 마음이 편할 가능성이 크니까요. 심지어 학교를 떠나 전문 교육을 받아봄이 어떠냐고 은근 자퇴를 권유하기까지 합니다.

따라서 영재를 둔 엄마들은 영재교육원에 어떻게 하면 보낼까를 고민하는 것이 아니라 도대체 영재교육원이라는 곳이 정말 영재들을 교육하기에 적합한 곳인가를 고민합니다. 이 엄마들은 이미 오랜 세월 이런 근본적인 물음을 던지면서 살아왔거든요.

'나 같은 보통 지능의 엄마가 이런 엄청난 아이를 키우는 것은 무리가 아닐까?'

'어디 그런 영재를 전문적으로 키워주는 곳은 없을까?'

그런데 이제는 '어디를 보내야 할까'라는 고민을 할 만큼 너무 많은 영재교육원이 존재하고 있습니다. 교육청 영재교육원, 각종 대학 영재교육원 등등 아주 쌔고 널렸습니다. 서울의 어느 지역 교육청 영재교육원 신입생 모집 요강에 적혀 있는 총 정원은 무려 160명에 달했습니다. 그것도 4, 5, 6학년 대상으로 수학, 과학, 미술, 정보 영재만 뽑는 것이었으니 이 지역엔 초등학교 1학년부터 고등학교 3학년까지 온갖 분야 다 따지면 영재들 수천 명이 우글거리는 셈입니다. 그래서 그곳에 다니고 있는 영재들 대부분은 솔직히 어쩌면 영재가 아닐 수도 있습니다. 왜냐하면 영재는 그렇게 흔하지 않으니까요. 사실 영재교육원에 정원이 정해져 있는 것 자체가 코미디입니다. 영재는 그들이 정한 정원에 맞춰 태어나지 않습니다.

그런데 공교육에서는 영재교육원 바람을 부추기기까지 하는 행동을 하고 있습니다. '전국 청소년 과학 탐구 토론대회'라는 게 그것인데, 주최 측이 미래창조과학부와 한국과학창의재단입니다. 탐구 토론, 과학 미술, 기계 공학, 융합 과학, 전자 통신, 항공 우주 토론 등 여섯 종목에 걸쳐 대회를 여는데, 학교별 예선, 교육지원청 대회, 시도 교육청 대회, 전국 대회 순으로 치른답니다. 이 대회가 인기를 끄는 것은 교내 영재 학급을 시작으로 영재교육원, 과학영재학교 또는 과학고라는 소위 입시 벨트에 올라타는 첫 관문이기 때문입니다. 그러니 경쟁도 만만찮게 셉니다. 2013년의 경우 서울 소재 초등학교에서 총 3만여 명이 학교 대회에 출전하였고, 시도 교육청 대회에서 2,249명이 추려진 다음 전국 대회에서 77명이 합격하고, 그중 최종 수상자는 13명으로 결론이 났습니다. 대강 3만 대 1에 가까운 경쟁률입니다.

또 하나의 문제는 이 대회 준비를 아이들이 아니라 엄마들이 다 한다는 데에 있습니다. 탐구 주제가 너무 어려워서 그렇다는 데, 예를 들면 2014년 초등학교 탐구 주제가 '미세 먼지의 발생 이유와 인체에 미치는 영향을 조사하고 피해를 줄일 방안을 과학적으로 탐구하라'입니다. 과연 어렵습니다. 일견 환경공학과의 박사 논문 주제 같습니다. 더더군다나 경쟁이 세다 보니 단순히 보고서만 내서는 경쟁력이 없고, 가능하면 실험을 하고 그 자료까지 첨부해야 승산이 높답니다. 그래서 원래는 탐구 주제가 무엇이든 간에 아이들이 하도록 내버려두어야 하지만, 그리고 그래야 이 대회의 본래 취지, '우리나라의 미래를 짊어질 과학 영재 발굴'이 소기의 성과를 달성하겠지만, 우리나라 엄마들이 그냥 있을 사람들이 아니죠. 본인들이 대신 온갖 자료를 뒤지고 열공을 할 뿐만 아니라 사교육을 동원하고 해당 분야 전문가를 동원해서 몇 년 동안이나 준비를 시킵니다.

게다가 '전국 대회 입상자들은 대부분 4년 정도 전문학원에 다닌 아이들'이라는 '카더라 통신'이 기승을 부리죠. 대개는 학원들이 작정하고 퍼뜨린 소문인데 엄마들은 아주 쉽게 넘어갑니다. 그들의 그런 행위가 또다시 정부나 교육 당국의 좋은 의도에 대책 없는 먹칠을 하고 있는 것이라는 걸 도대체 모르는 것 같습니다. 가장 심각한 문제는 그렇게 해서 엄마들이 스스로 불공정한 경쟁의 주역을 담당하고 있다는 것입니다.

어쨌든 영재교육원을 국제중 혹은 과학고나 과학영재고로 가는 발판으로 여기다 보니 누가 먼저랄 것도 없이 숱한 엄마들이 자신의 아이들을 영재교육원 입시 전문학원에 보내는 일이 벌어지고 있습니다. 영재교육원 입학시험을 대비시켜준다는 그곳은 아마도 신의 능력을 보유하기라도 한 모양입니다. 보통 아이를 영재로 바꿔주는 능력 말입니다. 엄마들에게 그래서 물어보았습니다. 타고난 능력이 없는 아이가 그런 전문학원을 통해 혹은 특별 훈련을 통해 타고난 아이만큼 될 확률이 얼마나 될 것 같은지. 그러니까 아이들이 어른으로 성장하는 과정에서 유전자 대 후천적 환경의 비율이 어떨지 짐작해보라고 한 거지요.

그리하여 그들의 대답에서 왜 그들이 그토록 어이없는 선택을 하는지를 알아냈지요. 가장 많이 나온 답은 70 대 30이었습니다. 60 대 40, 50 대 50, 심지어 30 대 70이라고 후천적 환경의 영향을 더 크게 이야기하는 경우도 심심찮게 있었습니다. 대단히 안타깝게도 정답은 98 대 2입니다. 유전자를 거슬러 바꿀 수 있는 정도가 2 정도밖에 안 된다는 이 과학적 사실을 우리의 조상들은 일찌감치 알고 있었습니다. '콩 심은 데 콩 나고 팥 심은 데 팥 난다'라는 격언이 바로 그 말입니다. '저 집안은 법조인 집안', '온 집안이 온통 의사야', '3대가 배우' 등등의 이야기는 현재를 사는 우리도 인정하는 그런 류의 사실 들이죠. 그래서 98 대신 2에 투자하고 있는 우리나라 엄마들은 어쩌면 그렇게 어리석으냐는 말을 들어도 딱히 반박하기가 난망입니다.

최근 연구 결과가 결정타를 하나 더 날렸지요.

'교육 부문에서 타고난 천재를 노력으로 따라잡을 수 있는 확률은 4%이다.'

이 결과를 소개하는 기사의 헤드 타이틀은 '1만 시간의 법칙은 틀렸다'였습니다. 누구든 1만 시간만 투자하면 어떤 분야에서든 대가가 될 수 있다는 이 주장은 사실 어느 천재의 자기 경험에 대한 성급한 일반화였다는 결론이죠. 종합하면 '천재가 1만 시간을 투자하면 어떤 분야에서도 대가가 될 수 있다'가 됩니다.

좌우지간에 지금 영재교육원 시험을 통과하게 하려고 영재 어쩌고 하는 학원에 아이를 보내고 있는 엄마들은 이 책을 보는 즉시 정신 차리고 학원을 중단하기 바랍니다. 그 아이는 영재가 절대 아닙니다. 그런 학원은 엄마들의 허영심을 이용해 남편이 혹은 함께 힘들게 번 돈과 아이들의 행복을 갈취해가는 좋지 않은 집단입니다. 만약에 그런 학원이나 과외를 해야만 들어갈 수 있는 영재교육원이 있다면 만들어진 가짜 영재를 받는 곳이니 역시 사이비입니다. 진짜 영재인 아이인데 영재교육원 시험에 떨어졌다면 그 영재교육원 역시 영재를 위한 곳은 아닙니다.

다시 한 번 말하지만 영재는 타고난 재주가 있어서 스스로 알아서 연습하고 연마하고 찾아다닙니다. 학원이나 과외가 아니라 정말 안 풀리는 맥점 하나 짚어줄 만한 책, 고수 혹은 영감 정도면 충분한 자가 발전 능력을 보유하고 있어서 알아서 빠르게 진화해나갑니다.

도서관에 데려가기, 서점에 함께 가기, 박물관, 미술관 탐방 하기, 해외여행 가기 등등이 엄마가 영재 아이들에게 해주어야 할 일입니다. 영재지만 아직도 아이인 그들이 스스로 얻기 힘든 기회와 체험을 경험하게 해주는 것이 엄마들이 해줄 수 있는 최선의 일입니다. 그 외에 영재성에 못지않은 인간성 길러주기, 자신과는 반대로 장애가 있는 상태로 태어난 사람들에 대한 배려심을 갖추도록 길러줘야 합니다. 영재인데 인간성이 못되었으면 사회와 인류에 끼치는 해악은 더욱 크기 때문입니다.

학원에서 자기주도학습을 한다고요?

어쨌든 전 세계적으로, 아니 인류 역사상 유례가 없는 사교육 열풍을 그냥 두고만 볼 수는 없었던 정부가 결국은 특목고 입시에 개입하게 되는데 그 첫 발자국이 자기주도학습 전형의 도입이었습니다. 학원 공부나 스펙으로 입학이 결정되는 것을 막기 위해 내신 성적과 면접으로만 선발하도록 한 제도죠. 자기주도학습이란 말 그대로 집에서 혼자 알아서 공부한다는 건데 원래 학습이라는 것이 자기 스스로 해야 하는 종류에 속합니다. '자기주도적 학습'이라는 표현은 그래서 뭔가 이상한 말입니다. 누구에게든 강제해서는 학습의 효과가 별로 나타나지 않죠. 즉 아무리 좋은 선생을 만나도 학생이 그 가르침을 자기 것으로 만들겠다는 의지가 없으면 별무신통입니다.

자기주도학습 전형은 그러니까 스스로 공부하는 아이들에게 좀 더 유리한 환경을 만들어주려는 방편으로 마련된 것이고, 어쨌든 그게 우리나라에서는 당분간 대세로 떠올랐습니다. 소위 주입식 교육, 강제적 학습이라는 패러다임에서 자기 스스로 계획을 짜고 진도를 정해 자신의 능력에 맞게 학습을 하는 패러다임으로 전환해야 한다는 시대적 유행이 발생한 것입니다. 대학에서 그리고 외고나 과학고에서도 이제 자기 스스로 자신의 학습 문제를 해결하지 못하는 아이들에게는 원천적으로 입학을 불허한다고 선언한 상태고요. 자, 이 상태로 계속 가면 정말 사교육 시장은 꽁꽁 얼어붙을 듯 보입니다. 그런데 과연 그렇게 될까요?

정부의 그런 정책 추진을 마치 정면으로 비웃듯이 사교육 현장에선 자기주도적 학습 능력을 서로 길러준다고 나섰습니다. 그들의 주장을 들여다보면 일단 엄마들의 불안 심리를 교묘히 자극하는 것으로 시작합니다.

'확 달라지는 입시, 혼란스러우셨죠?'

'새로 바뀐 입시, 올바르게 준비해야 합니다.'

마치 엄마들이 스스로 생각하고 판단해볼 수 없는 지경인 것처럼 은근히 몰아갑니다.

'우리에게는 명쾌한 해결책이 있습니다.'

'영어의 틀도 잡고 자기주도학습의 틀도 잡자.'

'입학사정관제하에서도 외고 진학을 희망하는 학생들에게 최적의 해답을 제시합니다.'

이와 같은 문구를 발견하는 순간 엄마들의 머릿속에선 더 이상 비판적 사고가 돌아가지 않게 되기 십상입니다. 현재 엄마 세대가 학창 시절에 원천적으로 논리적 사고 능력 계발 기회를 거의 갖지 못했다는 사실을 차치하고라도 그런 문구를 만나면 일단 기대고 싶은 게 인지상정이니까요.

그런데 그런 문구는 일종의 덫입니다. 자기주도적 학습 능력을 학원에서 키워준다는 발상 자체가 논리적으로 말이 안 되기 때문입니다. 학원에서 학생들에게 자기주도적으로 해보라고 지시를 내리는 것 자체가 이미 타율이고, 따라서 자기 스스로 결정한 게 아니라는 모순이 원천적으로 일어날 수밖에 없죠.

자기주도성을 길러준다는 학원 수업에 잘 참여해서 자기주도성이 커진다고 가정해보면 그 모순의 실체가 더 확실해집니다. 그렇게 자기주도성을 갖추게 된 아이들이 학원에 남아 타율적으로 학습을 할 리가 없다는 이야기가 성립되는 것이죠. 아이가 집에 간다고 얘기할 때 가지 말고 수업을 계속 들으라고 말할 수가 없게 되는 것이니 학원은 스스로 망하고자 하는 프로그램을 운영하는 셈이 되어 그야말로 모순입니다.

이제 아시겠습니까? 학원들은 그저 시대가 어떻게 변하든 엄마들의 불안감만 적당히 자극하고 부추겨서 그게 모순이 되든지 자충이 되든지 간에 아무 상관없이 돈 벌 생각만 하고 있는 것입니다.

그렇게 엄마들을 자신의 경제적 이익을 위해 상술과 마케팅 전략의 희생양으로 만드는 인간들은 나쁜 사람들입니다. 다른 분야도 아니고 교육인데, 그런 식으로 엄마들을 미혹하는 행위는 궁극적으로는 국가를 약하게 만듭니다.

그러나 근본적으로 그들보다 엄마들이 더 나쁩니다. 왜냐하면 아이들에게 제대로 된 교육 환경을 제공할 의무를 지고 있는 사람은 누구보다도 엄마이기 때문입니다. 학원은 그런 의무를 지고 있지 않습니다. 따라서 그런 점에서도 이미 학원은 우리 아이들에게 자신이 손해를 볼지라도 좋은 환경을 제공할 가능성이 희박합니다.

제발 더 이상 속지 마세요. 엄마들이 생각해야 할 기본은 우리 아이에게 가장 좋은 교육 환경은 무엇인가이지 어느 학원을 보내면 문제가 해결될까가 절대 아닙니다.

자기주도학습 평가항목이 내신과 면접이라는 등식 또한 정상적이지는 않습니다. 그 두 가지로 '자기주도성'을 알아낼 수 있다는 발상 자체로는 별 문제가 없어 보이지만 우리나라 엄마들의 자녀 교육 행태를 고려한다면 전혀 실효성이 없는 방안입니다. 내신 성적을 위해 내신 대비 학원을 다니거나 과외를 받는 아이들이 무척이나 많은 것을 보면 알 수 있죠.

사실 내신 대비를 위해 학원을 다니는 것만큼의 아이러니는 없습니다. 내신 시험이라는 게 학교 시험이라서 출제자가 학교 선생인데, 그걸 학원에서 대비시켜준다고 하는 것도 이상하고, 그걸 믿고 아이를 보내는 엄마도 이상합니다. 사정을 들여다보니 학원에선 이미 수년간의 주변 학교 내신 시험문제를 확보해서 예상 문제은행까지 만들어놓은 상태랍니다. 또 매번 시험이 끝나면 시험지를 가지고 오게 하기 위해 포상 제도도 운영하고 있고요. 이쯤 되면 내신 시험이 만만한 것은 아닌 모양입니다.

그런데 사실은 이렇습니다. 내신 시험은 교과서 위주로 출제되고 그 범주를 벗어나면 교과부의 징계가 내려오며 따라서 교과서 속에 이미 문제의 지문이나 유형 등이 제시되어 있습니다. 국어나 영어 같은 경우는 시험 때 나오는 지문이 교과서 속에 있는 것과 똑같이 나오니 거의 문제 유출이라 해도 되겠습니다.

자, 그런데도 학원에서 해주는 대비 수업이 필요한 아이는 도대체 어떻게 이해해야 할까요?

첫 번째 가능성은 교과서 내용 정도도 이해를 못하는 경우입니다. 그런 아이들은 수업시간에 설명을 열심히 들어도 이해를 잘 못하죠. 그렇다고 해서 머리가 많이 모자란 것은 아닙니다. 인생을 살아가는 데 아무 문제가 없지만 뭔가 지적 활동을 통해 지식으로 만드는 능력만 좀 떨어지는 것입니다.

두 번째는 학과 공부가 아닌 다른 분야에 재능을 지닌 아이들의 경우입니다. 음악성이 뛰어나거나, 타고난 운동신경이 있거나, 그림 솜씨가 좋은 아이들이 공부까지 잘하는 경우는 매우 드물죠. 신은 공평하니까요.

물론 그런 재능도 없는데 학과 공부에도 관심이 없는 아이들도 있습니다. 세 번째 경우입니다. 가장 많은 아이들이 여기에 속하죠. 그런 아이들은 한마디로 말해서 공부와 인연이 없는 아이들입니다. 나중에 스스로 뭔가를 공부할지 모르겠지만, 지금은 아닙니다. 그런 아이들에게 학원에서 제공하는 내신 대비 수업은 일종의 마약이 됩니다. 누군가가 떠먹여주는 데에 길들여지면 자기 손발로 밥 먹기 힘들어지는 것처럼, 그 나이에 스스로 꼭 해야 할 일을 남이 도와주는 것에 익숙해지는 것이니, 돈 주고 장애를 만드는 셈이라고 해도 과언이 아닙니다. 게다가 학원 덕에 성적이 올라가면 그게 더 큰 문제가 됩니다. 나중에 정말 학원으로도 안 되는 상황이 오면 아무런 대책이 없습니다.

자기주도적 학습 환경이 제대로 작동하려면 학교에서부터 개별 아이들의 학습 상태를 일대일로 관리해주는 시스템이 있어야 합니다. 그러나 현실은 전혀 그런 것과 상관없이 돌아갑니다. 아이들마다 학습 능력이 다른 것은 불문가지이고, 그들이 자기주도적으로 학습을 한다고 보면 한 교실에 넣어놓고 일방적으로 한 가지 수준의 내용을 주입하는 것만으로도 이미 그런 컨셉과 완벽하게 배치되죠. 또 공부가 아니라 다른 것에 관심이 있는 아이들 역시 제대로 관리 혹은 지원되어야 합니다. 숫자로 보면 그들이 대다수를 점하죠. 그들도 그들 나름대로 학교 시스템 속에서 잘 성장해야 하는데 그들을 위한 시스템은 아예 없다고 해도 과언이 아닙니다.

결국 우리나라 학교 현장만 다시 잔뜩 꼬이고 말았습니다. 학교 시스템은 여전히 공부를 강요하는 종류인데 학생들은 그 속에서 자기주도적으로 공부를 해야 하는 아주 요상한 학교를 다니게 된 것입니다.

사춘기라서가 아닙니다!

대학 입시에 올인! 이 말이야말로 우리나라의 비정상적인 학교 시스템을 상징하는 것 중 대표입니다. 그리하여 "그래 가지고 대학 가겠어?"라는 말이 우리나라 아이들이 자라면서 정말 많이 듣는, 그래서 나중엔 신물이 나는 말이 되었습니다. 사춘기에 접어들면서 슬슬 반골 정신이 움트기 시작하면 드디어 아이들의 머릿속엔 이런 생각이 자라납니다.

'도대체 대학이 뭔데? 대학만 가면 뭐 돈이 생기고 일자리가 거저 떨어져?'

대학에 가면 무슨 일이 벌어지는지에 대한 어떠한 합리적이고 설득력 있는 설명도 없이 그저 대학 갈 궁리나 하라는 식의 강압은 이제 부모, 자식 간의 대충돌을 야기합니다.

"내가 왜 대학을 가야 하는데?"

이 정도는 약과입니다. 그런데 이 정도 반발에도 이 땅의 숱한 여린 엄마들의 억장은 무너집니다.

"대학을 가야 직장도 구하고 결혼도 할 거 아냐? 그것도 몰라?"

겨우 정신을 수습하고 나름 반박해보지만, 그러는 동안에 스스로도 그 말이 옹색하다는 느낌입니다.

역시 아이도 그 정도 대답에 물러설 기미가 안 보입니다.

"대학에 안 가면 직장도 못 구하고 결혼도 못 한다고? 그럼 강정호는 뭐야? 고등학교 졸업하고 바로 현대 유니콘스에 갔잖아. 그리고 연예인들 중에 대학 안 나오고도 결혼한 사람들 많아."

그 대답에 피식 웃음이 나오면서 조금 긴장은 풀리지만, 아이의 눈에 서린 섬뜩한 반항기가 낯설기 짝이 없습니다. 그래도 그냥 놔둘 수는 없죠.

"네가 강정호야? 네가 연예인이냐고?"

아이의 얼굴이 갑자기 빨개집니다.

"엄마는 내가 하는 말이 우스워?"

갑자기 쌩하니 얼굴이 굳어지더니 자기 방으로 휙 들어가서는 문을 쾅 닫고 잠급니다. 엄마는 그만 정신이 멍해집니다. 이게 무슨 일인지 접수가 되지 않습니다. 그러나 다음 순간 화가 머리끝까지 치밀어 오릅니다.

'이놈이 누구한테 감히……'

다짜고짜 아이 방 문을 잡고 소리치기 시작합니다.

"문 열어! 안 열어? 빨리 문 열어! 너 셋 셀 동안 안 열면 죽을 줄 알아!"

그러고는 정말 유치하게 셋을 세는 동안 아이가 방 안쪽에서 소리치지요.

"엄마랑은 얘기하기 싫어. 대화가 안 돼. 문 안 열 거야. 가."

이 사태는 아빠가 퇴근하고 나서야 비로소 수습 국면에 접어듭니다. 물론 두 종류로 수습이 되는데 대부분은 더 나쁜 쪽으로 끝납니다. 아빠가 엄마 위로한답시고 아이한테 더 강압적으로 나갔을 경우죠. 사실 아빠들은 자신의 안위를 위해 아이보다는 아내 편을 들기 마련입니다. 이미 예전에 겪었던 아내와의 아이 공부 관련 논쟁을 통한 학습효과 때문인데, 어쨌든 네가 설령 공부를 잘해서 일류 대학을 가더라도 오늘 엄마한테 한 행동으로 보아 인생에서 성공하기는 글렀다 수준의 저주를 하는 선에서 마무리가 되지요.

아빠 마음속엔 사실은 일면 아이의 입장에 동조하는 부분이 상당하지만, 아내에게 한 무례한 행동만큼은 바로잡아야겠다는 공감대는 확실했기 때문인데, 그게 아이의 태도를 보며 급격한 분노로 발화한 것입니다. 이 사건 이후 엄마를 대하는 아이의 태도는 완전히 달라집니다. 그것을 일컬어 세간에선 이렇게 표현하지요.

'사춘기의 시작.'

우리나라에서 아이들의 느닷없는 반항을 소화하는 가장 보편적인 방식이 바로 사춘기라는 성장기의 현상으로 간주하는 것입니다. 이 방식은 여러 모로 쓸모가 있습니다. 엄마들의 입장에서는 무엇보다 아이가 이상해진 것이 아니라는 위안이 됩니다. 원래 성장기엔 으레 그런 거니까 괜찮다는 거지요. 아이들은 절대 삐뚤어진 것이 아니어야 하는 게 우리나라 엄마들의 암묵적 공감대입니다.

그런데 과연 그런 걸까요? 정말 사춘기의 도입부에서 흔히 벌어지는 현상이 그런 갑작스러운 반항일까요?

유감스럽게도 아닐 가능성이 높습니다. 여러분의 사춘기로 한번 돌아가보세요. 그때 그 시절 기억에 무엇이 남아 있나요? 엄마와 한판 붙은 기억인가요? 아빠의 난폭한 언사였나요?

아마도 대부분은 전혀 다른 기억이 남아 있을 겁니다. 총각 선생을 좋아한 기억이거나 친구와 밤새도록 이야기꽃을 피운 기억 혹은 어떤 노래, 영화, 소설에 빠져 온통 가슴이 달떴던 기억 등등이 아니었나요?

원래 사춘기의 한자가 '생각 사(思)', '봄 춘(春)'자가 합쳐진 말입니다. 자기만의 생각이 계절의 시작인 봄처럼 시작된다는 뜻입니다. 거기에 무슨 반항의 기미가 보이나요?

중학교에 갈 무렵 벌어지는 우리나라 아이들의 반항은 사춘기의 발로가 아닐 가능성이 훨씬 큽니다. 그전부터 있어왔던 갈등,

즉 주로 엄마와의 소통이 힘들어 참고 참다가 터진 경우가 대부분이라는 얘깁니다. 어릴 때는 엄마보다 덩치도 작고 말솜씨도 딸려서 잘 표현을 못하고 울거나 뚱하니 삐치거나 아니면 어디가 아프다는 핑계를 댑니다.

"엄마, 수학학원 오늘 하루만 빠지면 안 돼? 머리가 너무 아파."

아이가 아프다는 말에 잠깐 흔들리지만 이내 엄마는 묘책을 짜냅니다.

"그래도 가야지 어떡해. 두통약 줄 테니까 학원에 가서도 계속 아프면 먹어. 정 아프면 전화하고. 데리러 갈게."

아이는 순순히 집을 나서긴 하지만 발걸음이 영 시원찮습니다. 아이를 보내놓고 엄마 역시 속이 편치 않습니다. 그렇지만 아이는 전화도 없이 결국 수업을 다 받고 학원 셔틀버스를 타고 집에 옵니다. "괜찮았어?"라는 물음에 "응" 그러고 말지요. 그렇게 여러 번 반복되면 엄마는 그런 말에 면역이 생기고 심지어 슬슬 의심까지 합니다.

'저게 가기 싫으니까 저러는 거 아냐?'

엄마들이 모르는 것은 아이들의 그런 표현이 사실은 '죽고 싶을 만큼 하기 싫다'는 것일 수도 있다는 것입니다. 실제로 자살한 어떤 초등학생 아이가 유서에 이런 말을 남겼습니다.

학원 없는 세상에서 살고 싶다.

나도 물고기처럼 자유롭게 날고 싶다.

이런 아이들이 평소에 하는 말 중 가장 많은 것이 바로 "엄마, 나 오늘 배 아파. 학원 안 가면 안 돼?"라는 종류의 것입니다. 아이를 가장 아끼고 사랑하는 엄마들이 아이들이 하는 절규, "엄마, 나 학원 때문에 죽을 것 같아. 어떻게 해?"라는 말을 못 알아듣고 있는 것입니다. 도대체 누구보다도 아이를 사랑하고 아끼는 엄마들이 왜 이럴까요?

본격적인 사춘기에 접어들면 아이들은 여러 가지 종류의 고난을 경험합니다. 사춘기 특유의 정신적 혼란과 같은 성장통은 차치하고라도 학교, 학원 등 그들만의 환경과 관계 속에서 벌어지는 숱한 갈등은 아이들에게 만만찮은 과제입니다.

예를 들어 선생들이 공부 못한다고 무시하고, 선후배 간이나 친구 간에서 외모나 부모 재산 같은 이슈로 조롱을 당하고, 학교 폭력이나 성희롱 같은 범죄의 피해자 혹은 가해자가 되는 등의 사안은 아이들이 스스로 감당하기에는 몹시 버겁습니다. 그럴 때 아이들에게 필요한 것은 무엇일까요? 바로 고민을 털어놓을 수 있는 마음 편한 상대입니다.

우리나라에서 학교마다 상담 전문 요원이 없는 현 상태에서 그

자리는 부모가 채워줘야 합니다. 어차피 중학교 이상이 되면 부모가 학습 면에서 도와줄 수는 없을 정도로 공부 수준이 올라갑니다. 따라서 공부는 아이들이 어떻게 하느냐에 달려 있게 되고, 부모는 그저 믿음과 사랑으로 지켜봐야 하는 것 외엔 달리 최선이 없습니다.

그걸 무시하면 그러니까 "남들도 다 하는 걸 넌 왜 못하는데?"라는 말로 윽박지르며 아이들의 아우성을 못 들은 척하면 돌이킬 수 없는 결과가 초래될 수도 있습니다. 가출하고, 비행 청소년이 되고, 은둔형 외톨이가 되어 몇 년을 자기 방 안에서 나오지 않고, 나중에는 아예 사라져버릴 수도 있습니다. 이것은 과장이 아닙니다. 실제로 벌어지고 있는 상황입니다.

'서울대' 아니면 '인서울대'라도,
'인서울대' 아니면 '아는대'나 '면목대'라도!

사실 아이들이 힘들어하고 미칠 것 같다고 호소하고 심지어 자살을 생각하는 지경에 몰리고 있는데도 엄마들이 못 본 척하거나 무시하는 이유는 아이들이 단순히 대학 진학도 못 할까 봐 그러는 것이 아닙니다. 사실 현재 전국의 웬만한 도시에 대학 한 개 정도는 있을 정도로 대학이 많아져서 대학 정원은 이미 지원자의 수를 넘어섰습니다. 그러니까 차례대로 줄 세워 보내면 모두 대학에 갈 수 있는 시대가 되었습니다. 그러니 대학에 가는 일은 가겠다고 맘만 먹으면 되는 일이 된 거지요.

엄마들의 상투적인 표현, "대학엔 가야 할 거 아냐?"란 말은 그러니까 다른 의미로 해석되어야 한다는 뜻입니다. 그냥 대학이 아니라 '일류' 대학을 말하는 것이지요. 예전에 대학 진학률이 10퍼센트대에 머물던 시절에야 대학 가는 것은 곧 사회적 성공을 예비하는 것이었지만, 요즘처럼 고등학교 졸업자의 대학 진학률이 최대 80퍼센트에 육박할 지경이면 아무 대학이나 나오는 것은 정말 아무 의미가 없어졌습니다.

일류대를 향한 엄마들의 욕망은 근원적으로는 서울대를 향한 열망입니다. 조금이라도 공부에 소질을 보이면 엄마들은 일단 서울대부터 떠올리죠. 어느 강연장에서 이런 질문을 던진 적이 있었습니다.

"어머님 여러분, 댁의 자녀가 서울대를 가게 되면 어떨까요?"

엄마들은 조금의 망설임도 없이 이구동성으로 외쳤습니다.

"너무 좋죠."

"그걸 말이라고 하세요?"

"절을 백 번이라도 하라고 하면 하죠."

대답 외의 부연 설명이 이어졌습니다.

그런데 사실은 이게 욕망, 열망을 넘어 실은 허망한 기대에 불과하다는 겁니다.

먼저 서울대에 가는 학생들은 전국에서 3,000등 안에는 들 정도로 공부를 잘합니다(수시, 정시 합쳐서 3,100여 명 정도가 서울대 정원, 2013년 기준). 경쟁률을 1.5 대 1 정도로 잡으면 대략 4,500명. 넉넉잡고 5,000명 정도가 서울대에 지원한다는 이야기입니다. 고등학교 3학년 학생 수가 보통 50~60만 명 정도인데, 그중에서 대학 진학을 하고자 하는 학생들 수를 50만 명으로 잡으면 대한민국 1% 내에는 들어야 지원할 만합니다. 한 반 학생이 30명이면 세 반 합쳐서 1등을 하는 정도죠. 한 학년이 300명인 학교의 경우 전교 3등까지 서울대 지원이 가능하다고 말할 수 있습니다. 그런데 서울대가 아니라 다른 일류대를 특히 선호하는 학생들도 있으니 넓게 봐서 전교 10등 내에 들면 된다고 볼 수 있죠.

자, 이 정도의 성적을 내는 아이들은 사실 갈 학원도 없습니다. 왜냐고요? 그 학생들을 가르치려면 그들보다 학습 능력이 더 탁월해야 하는데, 그런 사람들이 학원가에서 일하고 있을 가능성은 극히 희박합니다. 그런 능력을 원하는 곳에서 학원보다 더 많은 돈과 더 귀한 명예를 주고 데려다 쓰고 있을 테니까요.

또 서울대 입시 평가 기준을 보면 공부만 잘해서는 반드시 서울대에 갈 수 있다고 말할 수 없습니다. 2014학년도 서울대에서 발표한 입시 평가 기준을 보면 학업 능력 외에 자기주도적 학업 태도, 전공 분야에 대한 관심, 지적 호기심 등 창의적 인재로 발전할 가능성을 종합적으로 평가한다고 되어 있습니다. 어차피 서울대에 지원하는 아이들은 학업 능력이야 다들 우수해서 차이가 별로 크지 않을 것이니 상기한 나머지 부분, 즉 태도나 관심 혹은 호기심의 유무에서 구별이 될 것이고 결국 당락을 가르는 부분은 비교과 활동 부분이나 면접이 될 것입니다.

그러니까 쉽게 말해 서울대에 입학하는 아이들은 공부는 기본적으로 최상위권이고 거기에다 사회에 대한 관심, 전공에 대한 관심으로 촉발된 지적 호기심, 인재 가능성 등을 지니고 있다는 이야기입니다. 모두 학원이나 과외선생 등의 수단이 영향을 미치지 못하는 부분이죠.

　아이를 서울대 혹은 일류대에 보내고 싶다는 소망은 아이들이 고등학생이 되면서 보다 현실적으로 바뀌기 시작합니다. 일류대가 도저히 올라갈 수 없는 나무라는 것을 인지하게 되는 것이죠. 그래서 서울대는 '인서울대'로 바뀌고 일류대는 '아는대'로, 명문대는 '면목대'로 바뀝니다.

　"어릴 땐 서울대를 보내고 싶었죠. 그런데 중학교 올라가고 나니 그게 안 되겠더라고요. 그래서 그 밑으로 낮췄죠. 그런데, 지금은 그마저도 어려워 보이네요. 인서울대, 그냥 서울 안에 있는 대학만 가도 이젠 좋겠는데…… 그마저도 안 되면 어떡하죠?"

　"그냥 남들이 이름을 아는 대학만 가도 전 원이 없어요."

　"그게 면목대잖아. 그래도 면목은 서는……."

　엄마들의 이런 이야기 속에서 우리는 뭔가 이상한 점을 하나 찾을 수 있습니다. 아이들이 어떤 대학을 가게 될지에 대한 고민이 아이들의 장래 직업이나 삶의 질과 연결되어 있다면 응당 나와야 할 이야기가 전혀 없다는 것입니다. 즉 어떤 전공, 무슨 과를 지망하는 게 앞으로 더 유망할지에 대한 것 말입니다. 그러니까 그걸 먼저 정하고 나서 그 전공 분야의 가장 좋은 커리큘럼과 교수진이 있는 대학을 고르는 게 상식인데 우리나라에선 그런 모습이 거의 보이지 않습니다. 그저 대학의 서열이 대학 선택의 모든 것처럼 보입니다. 전공이 무엇이냐고 묻는 게 아니라 어느 대학을 다니느냐고 묻는 게 일반적이죠. 그런데 전문대를 갈 수밖에 없게 되면 그때는 전공을 따져서 보냅니다.

결국 우리는 엄마들의 이런 행태에 대해 가장 신빙성이 있어 보이는 논리를 전개할 수밖에 없습니다. 아이들이 어떤 대학에 진학하는가가 엄마들의 자존심과 끈끈하게 연결되어 있어서 그런 판단, 행동을 한다는 것 말입니다. 실제로 그들의 그런 속마음을 알려주는 말도 전해져 내려오죠.

"난, 우리 애가 '인서울대'에 못 가면 자살할 거야."

"우리 애가 SKY대에 못 가면 창피해서 어떻게 살아?"

"지방대에 가느니 재수하는 게 낫지."

사실 엄마들이 일류대에 대한 희망을 품고 아이들을 닦달하고 속상해서 이해할 수 없는 그런 표현을 하는 것 정도는 그냥 그러려니 할 수도 있습니다. 그 정도를 넘어선 행동들이 나타나는 게 문제죠. 예를 들면 서울 강남 지역 엄마들이 아이들에게 영어 발음 좋아지게 하려고 감행한다는 수술이 있습니다. '설소대 수술'이라는 것인데, 혀 밑과 입안을 연결하는 부분인 설소대가 선천적으로 너무 짧아 발음에 장애가 생긴 아이들이 받는 수술입니다. 이걸 멀쩡한 아이들이 받으면 혀가 좀 길어지는데 누군가가 그러면 영어 발음하는 데 좀 더 용이하다고 사기를 친 것이죠.

또 공부 잘하는 약이라면 뭐든지 먹이는 엄마들도 있습니다. 그중 하나가 ADHD 치료제인데, 원래 이 약은 과잉행동장애가 있는 아이들을 진정시키고 차분하게 만드는 효과가 있죠. 그걸 집중력 증가 효과로 확대 해석한 이 엄마들은 그 약의 부작용이 얼마나 무시무시한지는 묻지도, 따지지도 않고 먹입니다. 작게는 불면증이 올 수 있고 고혈압이 발생할 수 있으며, 최근에 추가된 것으로 성기의 '4시간 이상 지속 발기'까지 있습니다. 그런 경우 잘못되면 성기를 절단해야 하는 심각한 일도 생길 수 있죠.

아예 엄마 역할을 남에게 맡기는 사례도 있습니다. '입시 대리모'라는 일을 하는 사람들이 생겨난 것입니다. 이들은 자신의 자녀를 일류대에 입학시킨 내공의 소유자들입니다. 그래서 그 내공으로 다른 집 아이들도 일류대를 갈 수 있게 그 아이들의 엄마를 대신해서 돌봐주는 것이죠. 그들이 요구하는 돈은 무려 한 달에 천만 원. 일류대를 보내겠다고 대리모를 들이는 것부터가 제정신으론 할 짓이 아닌데 게다가 그 비용이 한 달에 그 정도인데도 그런다면 완전히 맛이 갔다고 봐야 합니다.

하긴 더한 일도 있었습니다. 2011년 11월에 온 나라를 경악하게 만든 '고등학생이 엄마 살해 후 8개월 집 안에 방치' 사건도 그 간접적인 원인이 엄마의 서울대 법대 집착이었습니다. 중학교 때까지 전교 1등을 도맡아 하던 그 아이는 고등학생이 되어 성적이 떨어지자 엄마에게 맞을 게 두려워 전국 62등으로 위조했고, 그럼에도 전국 1등을 목표로 하라며 심지어 골프채로 하룻밤 동안 200대를 때리는 엄마를 더 이상 참을 수 없어 살해했다는 것입니다.

'엄마의 자존심이 손상되지 않도록 기를 쓰고 공부해서 일류대에 가라!'

이것이 실은 대한민국 대부분의 엄마들이 아이들에게 외치고 있는 기막힌 구호입니다.

정신연령은 초등학교 졸업 수준인 대학생들

아이들이 대학에 진학하고 나면 엄마들의 저 괴이한 집착은 끝이 날까요? 그럴 리가 없지요. 대학교수로 일하고 있는 친구들이 언젠가부터 이상한 소리를 하기 시작했습니다. 수강 신청 기간에 아이들 대신 오는 엄마들이 많아졌다는 겁니다. 오는 목적은 물론 아이들 대신 수강 신청 변경을 하기 위해서고요.

"실례지만, 누구신가요?"

"네. 저 이번에 입학한 ○○ 엄마인데요. 수강 신청 문의 좀 하려고……."

"아, 네. 아이가 어디 아픈가요?"

"아니요. 그렇진 않아요."

"그럼, 왜 어머님이 오셨죠? 아이는 어디?"

"저, 아이가 좀 바빠서 직접 올 수가 없어서……."

"그럼 내일 직접 오라고 하세요."

"아니, 그게 아니라 지금 외국에 나가 있어서……."

"외국에 무슨 급한 일이라도 있나요?"

"……그냥 제가 할게요. 제가 대신 해도 되죠?"

"그렇기는 한데, 어머님은 잘 모를 수도 있는 내용이라……."

"그냥 교수님이 학점 잘 나오고, 취직하는 데 유리한 과목으로 다 알아서 해주시면 안 될까요?"

이런 모습은 결국 신문에서 칼럼의 주제가 되기도 했습니다.(2013년 4월 30일, 〈한국경제신문〉 천자칼럼, '엄마들이 너무해', 고두현) 이 사태를 어찌할까요? 엄마들이 대학교 수강 신청을 대신 해주러 온다는 말은 보통 심각한 문제를 품고 있는 게 아닙니다. 우선 대학생씩이나 된 아이들이 자신이 들을 대학 강의를 고를 생각이 없다는 게 문제입니다. 그들에게 대학 강의는 별로 중요하지 않은 것으로 간주되고 있는 거죠. 여기에다 비싼 대학 등록금을 연계하면 문제는 더 심각해집니다.

대학 강의를 성의 있게 고를 의지가 없다는 것은 부모가 내는 등록금을 그리 아까워하지 않는다는 의미이자, 그 돈을 벌기 위해 부모가 감당하고 있는 수고에 대해서도 잘 모르거나 제대로 인정하지 않는다는 의미이니 그렇습니다. 만약 그 현상이 아이들이 수강 신청도 제대로 할 수 없어서 벌어지는 일이라면 도대체 대학교 강의를 들을 지적 능력은 있는지가 의심스럽습니다.

어쨌든 두 경우 다 교육학적으로나 사회학적으로나 매우 심각한, 그래서 온 사회가 들썩이며 해결에 덤벼들 문제입니다. 그러나 우리 사회는 아무 일도 아니라는 듯 기사가 난 날이나 그 이후나 조용하기 짝이 없습니다.

사회학적으로 볼 때 이 현상은 자아가 미성숙한 수많은 어른들의 출몰로 보입니다. 쉽게 말해 덩치는 다 컸는데 부모로부터 독립을 못 한 것이죠. 우리나라 대학생들이 다른 나라(특히 유럽권) 대학생들과 비교해서 전반적으로 독립을 못 하고 있는 것이 일단 사실입니다. 그들은 고등학교 졸업과 동시에 대개 집을 떠나 살기 시작합니다. 대학생들 대부분이 학교 근처에서 월세를 살거나 기숙사에 둥지를 틀고 학교를 다니죠. 학비, 생활비 모두 스스로 벌어서 하거나 빌려서 충당합니다.

우리나라 대학생들은 가능하다면 부모 집에서 살고, 부모가 여력이 있으면 학비, 생활비 모두 당연히 내줍니다. 그런 집에선 학생들이 아르바이트를 하려고 해도 말립니다. 그 시간에 공부 한 자라도 더 하라고 말이죠. 여하튼 그런 점에서 우리나라 대학생들은 재정적으로도 그리고 물리적으로도 독립이 안 되어 있습니다. 그런데 이젠 수강 신청까지 부모에게 맡긴다는 것이니 정신적으로도 별로 독립하고자 하는 마음이 없다는 이야기가 됩니다.

이런 대학생들은 여전히 아이입니다. 이 아이들 때문에 어른들이 공부하는 대학에서 여러 가지 참 기가 찬 일이 벌어집니다. 한 학기 내내 출석도 제대로 안 하고는 학점 잘 달라고 떼를 씁니다. 다음 학기에 기숙사 들어가야 하는데, 그러려면 학점이 B학점 이상이 되어야 하는데 교수님 과목 때문에 안 될 것 같으니 무조건 학점을 바꿔달랍니다. 네 학점을 올리면 너보다 출석도 훨씬 잘 하고 시험도 잘 친 아이가 대신 학점이 좀 떨어져야 하는데(대학별로 학점당 퍼센트가 정해져 있음), 그것은 옳지 않다고 아무리 이야기해도 마치 갖고 싶은 장난감 사달라고 떼쓰는 어린아이들처럼 칭얼댑니다. 학기 내내 안 오다가 시험 때에 나타나서는 시험 시간 내내 잠을 자기에 깨워서 넌 어차피 시험 치나 안 치나 출석 일수가 모자라 F학점이니 집에 가라고 했더니 답안지에 욕을 써놓고 나갑니다. 발표한 것을 두고 이런저런 비평과 조언을 했더니 쉬는 시간에 울고 옵니다. 그래서 왜 울었냐고 물어봤더니 "교수님은 저만 미워하시잖아요"라면서 또 웁니다.

대학교 교육은 그 목적이 성숙한 인격체로 키워내기가 아니라 전문 인력 양성에 있으므로 이 '어린 어른들'은 대학교에 다니는 내내 더 이상 자라지 않습니다. 그냥 전문 지식 좀 머릿속에 넣고 졸업하여 그 상태 그대로 군대로, 사회로 진출합니다. 이제 문제는 더욱 심각해져갑니다.

'찰러리맨'의 탄생

어느 날 친구들과의 모임에서 한 친구가 말했습니다.

"요즘 군대는 군대도 아닌 것 같아."

다들 의아해서 쳐다보았습니다.

"왜? 훈련이 너무 약해졌대?"

"그건 모르겠는데, 내가 요새 신병훈련소에서 애들이 날마다 무슨 훈련을 받고, 몇 시에 자는지를 다 알고 살아."

"그건 뭔 얘기야?"

"우리 아들이 일주일 전에 군대를 갔는데, 훈련소장이 매일 밤 알려줘, 카톡으로."

"오잉? 너한테만? 훈련소장을 알아?"

"아니. 당연히 모르지. 모든 훈련병 부모한테 쏴준다니까. 사진도 올려줘."

"맙소사. 그럼 밤에 훈련소장이 잠 안 자고 그 수백 명 훈련병 부모에게 카톡 보내고 앉아 있다고?"

"설마 훈련소장이 직접 보내겠어? 명의만 훈련소장이라고 되어 있는 거지. 어느 쫄따구가 그러고 앉아 있겠지."

"그런데 그게 군대가 아닌 것 같은 거랑 무슨 상관이야? 좋잖아, 부모들 걱정 안 해도 되고……."

"순진하기는. 생각을 해봐. 그 짓을 왜 하기 시작했겠어? 그리고 그렇게 사진까지 찍어서 보내는 판에 애들 제대로 뺑뺑이 돌릴 수 있겠어? 몰골이 꾀죄죄하고 눈이 퀭하니 들어가도록 돌려야 불과 한 달 만에 전방 배치도 가능할 정도의 군인 만들어놓을 수 있는데, 그게 가능하겠냐고?"

"그러니까 엄마들이 하도 성화를 해서 카톡질을 시작했고, 그러다 보니 훈련도 예전처럼 빡세게는 못 시킬 것 같다는 거네?"

"그럴 것 같다가 아니라 실제로 그렇대. 언젠가부터 훈련소로 전화하는 엄마, 아빠가 엄청 많아졌다는 거야. 그래서 궁여지책으로 마련한 대책이 카톡질이 됐고, 그게 또 일방적으로 보내기만 하면 되는 게 아니어서 사진 올린 날에는 우리 애가 안 보이네 뭔 일 있는 거 아니냐 답 톡 날아오고, 왜 저렇게 말랐네 어디 아픈 건 아니냐 등등 걱정들도 팔자여서 답 카톡에 답하느라고 아주 날이 샌다는 거야. 장성한 대한민국의 아들이 국방의 의무를 다하기 위해 기초 군사 훈련 받으러 가는 곳이 아니라 코흘리개 겨우 면한 철없는 아들 어떻게 사람 좀 만들어달라고 보낸 곳이 된 거야, 그들에게는. 아이들이 그러니 부모들도 당연히 좀 철이 덜 든 구석이 많아서 매일 낮밤으로 안절부절못하는 거야. 애가 어디 다치지는 않았는지, 입 짧은 애가 먹지도 못하고 훈련 받느라고 다 죽어가는 것은 아닌지, 눈치 없고 덜 떨어져서 혹시 고문관이 되어 된통 얻어맞고 있지는 않은지. 그러니 결국 몇 날 며칠 걱정하다가 미칠 것 같으니까 전화를 거는 거지. 원래 그런 애들은 입대하기 전에도 하루에도 몇 번씩 엄마와 카톡하고 전화하면서 산 애들이 많대. 한마디로 '마마보이'였던 거지."

자, 이쯤 되면 나라를 지키는 든든한 군인 아저씨의 이미지는 온데간데없습니다. 사회성, 인내력 함양을 위해 어떤 단체가 운영하는 극기 훈련 과정에 입소한 앳된 소년들의 모습이 떠오릅니다. 대한민국 국방이 제대로 될까 하는 걱정이 앞서기도 합니다. 최근에 언론에 등장한 여러 가지 생소한 군대 문화가 혹시 이런 상황에 밀려 도입된 것이 아닌가 하는 의구심도 듭니다. 예를 들면 같은 계급끼리 같은 내무반 쓰기가 있습니다. 그래서 병장들도 빗자루를 들고, 이병들도 여유 시간을 누릴 수 있답니다. 친한 친구와 동반 입대하는 제도도 있죠. 힘든 군 생활을 친구와 함께라면 한결 위안이 되지 않겠냐는 취지입니다.

제가 보기에는, 철 덜 들어서 온 아동들이 군대 생활을 잘 못 견뎌 하는 것을 보다 못해 도입한 궁여지책으로 보입니다. 여러 계급이 섞여 생활하는 내무반 환경이 폭력을 유발한다고 판단이 되었다면 부하에게 부당한 요구나 폭력을 행사하는 것이 암묵적으로 용인이 되는 그 문화를 없애야 하고, 친한 친구가 주는 위로와 사랑 부분 역시 그런 역할을 대신 맡아주는 상담 센터 같은 게 설치되는 게 옳죠. 군부대 내에는 내무반 외에도 부하를 불러서 괴롭힐 수 있는 공간이 널렸고, 같이 간 친구와 틀어지면 그건 또 무슨 대책으로 해결할 건지 궁금합니다.

결론적으로 군대에 성숙한 남자들이 오는 게 확보된다면 많은 문제들이 사실 별 문제가 안 될 수도 있습니다. 성숙한 이들끼리 성숙하게 해결할 테니까요. 어쨌든 이제 군대를 갔다 왔다 해도 철이 안 들어 올 가능성이 매우 커졌습니다.

그리하여 드디어 직장에서 일이 터지기 시작했습니다. 서류상의 스펙과 그 스펙의 주인공의 아이덴티티가 불일치하는 현상이 많아진 것입니다. 제가 몇 해 전 직원 채용 면접을 할 때의 일입니다. 그때 채용 공고에 제시된 조건은 다음과 같았습니다.

신체 건강한 20대 남, 녀 약간 명
업무 분야: 영어 교재 개발
필수 조건: 영어 능통자

서류로 1차 검증을 거쳐 선발된 후보자들은 그리 많지 않았습니다. 대부분 토익이나 텝스, 기타 소위 공인인증 시험에서 고득점을 딴 사람들이었는데, 면접의 주요 포인트는 그 점수와 실제 영어 실력과의 매칭 여부가 관건이었죠. 결과는 매우 실망스러웠습니다. 대부분이 소위 일류대 출신이기도 했는데, 도무지 적합한 인물이 나타나지 않았습니다. 성실하고 태도도 훌륭했지만 모두 영어 면접의 턱에서 무너졌습니다. 공인영어인증 시험 점수와 그들의 실제 영어 실력은 전혀 일치하지 않았던 거죠. 심지어 그들 중 상당수는 영어 면접의 첫 질문에서 바로 탈락했는데 그 질문은 이것이었습니다.

"Could you please introduce yourself?(자기소개 한번 해보시겠습니까?)"

그들은 사실 이 질문에 대한 답을 미처 다 말하기도 전에 떨어졌습니다. 왜냐하면 이렇게 시작했기 때문입니다.

"Let me introduce myself to you.(제 소개 할게요.)"

이 말을 듣는 순간 저는 직감적으로 알게 됩니다.

'아, 이 사람은 자기소개를 영어로 작문을 하여 외워 왔구나.'

그래서 이런 질문을 하게 되죠.

"영어가 아직 능통한 정도는 아니군요. 그렇죠?"

"……네."

문제는 이 대목에서부터 터지기 시작합니다. 후보자 대개가 돌연 애원 모드로 바뀌기 때문이죠.

"저를 뽑아만 주신다면 최단 시간 내에 영어를 능통하게 만들 자신이 있습니다. 믿어주세요."

"유감스럽지만 저희는 영어 능통자가 아니면 뽑을 의향이 전혀 없습니다. 면접은 종료되었습니다. 지원해주셔서 감사합니다."

"말은 유창하지 않지만 영어 교재 만드는 것은 잘할 수 있습니다. 제발 한 번만 더 생각해보시면 안 될까요?"

거의 떼를 쓰는 수준에 도달하면 할 수 없이 강수를 쓰게 됩니다.

"○○ 씨는 영어 수준 미달 외에도 양심 불량이 좀 의심됩니다. 자신의 영어 실력에 대해서는 누구보다 잘 알 텐데, 이렇게 지원을 해서 저희의 시간을 낭비하게 만들었다는 것에 대해서는 어떻게 생각하나요?"

여기서 반응이 두 종류로 나뉘더군요. 가장 흔한 것은 '운다'였습니다. 남녀 불문하고 울면서 방을 나갔고, 두 번째로 많았던 반응이 '따지기'였습니다. 그것도 매우 무례한 태도로.

"우리나라에서 이 정도 스펙이면 영어 능통한 것 아닌가요? 그러는 댁들은 영어를 얼마나 잘하기에 그런 말을 하시는 건지⋯⋯ 나, 참 어이가 없어서⋯⋯ 여기 아니어도 갈 데 많아요, 저."

나중엔 정말 아주 심각한 경우까지 발생하기 시작했습니다. 어느 주말 일이 있어서 느지막이 출근하는 저를 경비 아저씨가 부르더군요.

"저기, 궁금한 게 있어서요."

"네. 말씀하세요. 무슨 문제라도?"

"별일은 아닌데, 언젠가부터 일요일마다 거기 직원 엄마가 왔다 가요."

"네? 우리 회사 직원의 엄마가 온다고요?"

"네. 나이도 좀 있고 그렇다고 직원 같지는 않고 해서 제가 물어봤더니 박사님 회사 직원 엄마인데, 좀 할 일이 있다면서 올라가시더라고요. 진짜 직원 엄마인지 아닌지 확인하자고 하면 기분 나빠할 것 같고, 안 하고 그냥 놔두자니 제가 뭔가 찜찜하고 해서……."

"얼마나 있다가 가시나요?"

"뭐 오래 있지도 않아요. 한 30분?"

수소문 끝에 그 여인은 실제로 우리 회사 어느 직원의 엄마라는 게 확인이 되었는데, 그 여인이 그렇게 일요일마다 온 이유가 이랬습니다.

"우리 딸이 집에서 워낙 책상 정리며 방 정리를 안 하고 살아서 회사 가서도 그럴 게 너무 뻔해서요. 걔 사무실 책상 정리도 해주고, 쓰레기도 버려주러 온 거예요. 안 그러면 너무 지저분하다고 잘릴까 봐 걱정이 되어서요."

이런 사태는 우리 회사만의 일은 아니더군요. 결국 최근에는 어느 대기업의 신입사원 채용 면접 안내문에 이런 표현이 등장했습니다.

'부모 동반 시 감점입니다.'

그렇게 해도 캥거루 족(성인이 된 후에도 엄마의 관리를 받는 종족)을 걸러내기가 꽤나 힘든 모양입니다. 요즘 새롭게 등장한 말이 있으니 '찰러리맨'이란 것입니다. 차일드(child)에 샐러리맨(salary man)을 합성한 것이죠. 뭔 종족인지 감이 옵니다. 그야말로 아직 아이들인 것이죠. 부서 배치나 담당 업무, 출장 등등에 그들의 엄마들이 간섭을 한다는 얘깁니다. 인사 담당자들한테 전화를 걸어 이런저런 부탁을 하다가 안 되면 결국 아이를 다른 회사로 보내고야 만답니다. 이쯤 되면 인사 담당자들이 제 눈을 찌르고 싶을 정도라고 할 수 있죠.

대학원은 학벌 세탁소?

"저, 부탁드리겠습니다. 아이들 논문이 여러 가지로 미흡하다는 것, 저도 인정합니다. 그런데 아이들 사정도 딱해서 제가 야멸차게 하지를 못하겠더라고요. 나이들도 꽉 찼고 더 이상 늦어지면 갈 데가 없어집니다. 제발 웬만하면 통과시켜주세요. 부탁드립니다."

학과장은 거의 읍소를 합니다. 석사 논문 심사위원들은 서로 얼굴만 쳐다봅니다. 다들 같은 생각을 하고 있는 게 분명합니다. '통과를 시켜주자니 내 명예가 맘에 걸리고, 안 시켜주는 게 학자의 양심에 맞는 건데, 그것 때문에 저 아이들은 취직이 안 돼서 앞으로 빌빌거리는 삶을 살게 될 수도 있기는 하고……'

우리가 고민에 빠졌던 것은 단순히 논문의 질이 좀 떨어져서가 아니었습니다. 그런 문제라면 조금 더 보완해서 재심사를 하자든가 하는 제안이 가능했겠지요. 심사위원들이 심사하다 말고 모인 이유는 논문에 나타난 그리고 발표 때 보인 그 학생들의 국어 실력과 논리력의 수준이 심각하게 낮았기 때문이었습니다. 도무지 논문을 쓸 기본 필력이 없어 보였습니다. 논리 구조는 더 말할 나위도 없었고요. 그러니까 이런 학생들이 어떻게 대학원 시험에 붙을 수 있었는지가 몹시 궁금해졌다는 말입니다.

"그게 언젠가부터 대학원끼리 경쟁이 붙은 거야. 서로 더 많은 대학원생들을 유치하려고 말이야. 어차피 등록금으로 대학원이 유지되는데 대학원은 대학만큼 일류, 이류를 심하게 가리지를 않거든. 그러니까 서로 비슷비슷한 곳끼리 경합이 붙으면 학생들은 더 쉽게 들어갈 수 있고, 학위를 별로 어렵지 않게 딸 수 있는 곳을 선호하게 되지. 우리도 우리 학교 자존심상 몇 년 버텨봤는데, 신입생들 줄어드는 데에는 뭐 답이 없더라고. 확 낮추고, 눈 질끈 감고 학위 내주고 그렇게 됐어. 비애를 느끼지. 가끔 아이들 논문 보면……"

어느 퇴임을 앞 둔 대학원 총장이 해준 말입니다. 아마도 퇴임 직전이어서 솔직해질 수 있기도 했을 터입니다.

사실 석사 과정만 문제가 아닙니다. 박사 과정은 어쩌면 더할지도 모릅니다. 2000년대 들어 국내 박사 학위 취득자는 폭발적으로 증가했습니다. 약 30년 동안 21배의 증가세를 보였다고 하니 가히 폭발적이라고 할 만합니다. 양적인 팽창은 모름지기 질적 저하를 예비하기 마련이죠. 그리하여 국내 대학의 박사 논문 수준 역시 총체적으로 함량 미달입니다. 표절의 유무는 따질 겨를조차 없을 지경이니까요.

그래서 그런지 숱한 박사 학위 취득자들이 자신의 논문을 부끄러워합니다. 아주 드물게는 겸양의 미덕을 표현하는 것이기도 합니다만, 나머지 거의 다는 진심으로 그렇게 생각합니다. 논문을 줄 때 펼쳐보기라도 할라치면 이렇게 말합니다.

"에이, 그냥 표지만 보세요. 다 아시면서 왜 그러세요?"

사실 더 큰 문제는 대학원을 취업이 안 되면 가는 도피처로 생각하는 사람들이 무척 많다는 점입니다. 가장 큰 원인은 물론 대학을 졸업하고도 취업이 어려운 작금의 현실 때문이겠지만, 그 현실을 좀 더 들여다보면 기업에서 도대체 쓸 데가 없는 대졸자들이 부지기수라는 진짜 현실이 존재합니다. 이 날선 현실을 냉정하게 종합하면 별 볼 일 없는 대학에 진학하여 대충대충 학점을 따서 졸업한 그저 그런 수백만 청춘들이 기업들이 뽑아주지 않는 바람에 할 수 없이 대학원에 간다는 이야기가 됩니다. 대졸이라서 이미 눈은 높아졌는데 가고 싶은 기업에선 능력 미달로 탈락하면서 이들은 대개 이런 생각을 하죠.

'아, 일류 대학 출신이 아니라서 그런 거야.'

자, 그리하여 자존심 강한 사람들은 이름 있는 대학원 진학을 준비하고 자존감이 좀 없는 사람들은 성형을 고민합니다.

다행스럽게도 이름 있는 대학원 가기는 이름 있는 대학 가기보다 한결 쉽습니다. 일단 가고자 하는 사람들 수도 대학 지원자보다는 훨씬 적고, 또 보다 우수한 사람들은 좋은 기업에 취직을 해서 그 경쟁선상에 존재하지 않아 그렇습니다. 그리하여 한두 단계 심지어 세 단계 정도 레벨을 높여 대학원에 진학을 하고 나면 적어도 그 대학원을 다니는 동안에는, 이름 없는 대학 재학생으로서 받은 모멸감과 자존심 손상 등의 지난 세월을 보상받는 기분이 든다고 합니다.

그들에게 대학원 공부는 어렵습니다. 원래 공부 쪽 재능이 박한 사람들이어서 그렇기도 하고, 대학원이라는 곳이 보다 깊은 학문의 영역을 다루는 장소이기 때문이기도 합니다. 그래서 대부분 학생들은 많은 고생을 나름대로 해서 졸업을 하게 되죠. 그들이 이룬 학문적 성과가 객관적으로 수준이 낮은 것과는 별개로 그들은 충분히 공부를 했다고 생각합니다. 학력사항에 번듯한 이름의 대학원을 기입하면서 꿈의 직장까지는 아니더라도 자존심이 별반 상하지 않는 선에서의 취업도 희망해봅니다.

그러나 현실은 녹록치 않죠. 세상 사람들은 그들의 석·박사 학위를 일종의 학벌 세탁으로 봅니다. 그런 식으로 대학원 공부를 하고 학위를 따는 사람들을 주변에서 많이 보고 있기 때문이죠. 어느 논문에 따르면 2013년도 박사 학위 취득자들의 고용률은 70퍼센트인데, 직장을 다니면서 공부를 한 사람들을 제외하면 49퍼센트로 그 비율이 추락합니다. 학벌 세탁을 가장 많이 할 것 같은 연령대인 30세 미만으로 그 대상을 좁히면 약 38퍼센트 정도의 고용률을 보입니다. 그 정도 비율이면 괜히 돈 들여서 고생만 한 셈입니다. 취업자들도 불만족스러워 보입니다. 그들의 희망 연봉과 실제 연봉과의 차이는 전공에 따라 수백만 원에서 수천만 원에 이른답니다.

이런 결과를 사실은 엄마들이 모르지 않습니다. 아이들은 더 잘 압니다. 그러나 둘은 '더 나은 미래'를 위해, '더 많은 투자'를 역설하면서 이 길을 갑니다. 엄마와 아이. 이들은 이제 생각의 공통분모가 매우 많아졌습니다. 아이는 자신을 위해 자신을 버리고 십수 년째 노심초사 중인 엄마에게 미안해서 한 번 더 해보고자 하고, 엄마는 자기의 진두지휘에 따라온 아이의 미래가 밝지 않은 데에 대한 죄책감으로 지속적인 희생을 감수합니다. 결코 그들이 듣고 싶지 않은 이야기는 '이제, 그만하지. 그 정도 했으면 공부 쪽이 아니라는 걸 알 때도 된 것 같은데……?'입니다.

언젠가 어느 방송에 소개된 사례는 이랬습니다. 대학을 졸업하고도 취업이 안 되자, 딸이 미국으로 해외 연수를 떠납니다. 그 비용을 감당하기 위해 부모는 집을 줄여 이사를 하죠. 그런데 연수가 끝나자 딸은 현지에 남아 석사 과정을 밟겠다고 합니다. 어마어마한 대학원 학비 마련은 결국 부모를 전세로, 전세에서 다시 월세로 나앉게 합니다. 그런데 또 전화가 오죠.

"엄마, 나 이번에 박사 과정 합격했어. 학비 마련해줄 수 있지?"

이 이야기의 해피엔딩은 이렇습니다. '박사 학위를 딴 딸은 미국 대학에 교수로 임용이 되고, 미국인과 결혼도 하게 됩니다. 부모의 희생을 갚기 위해 딸은 부모의 노후를 미국에서 함께 보내기로 하고, 남편의 동의를 얻어 부모를 미국으로 초청, 온 가족이 물 좋고 공기 좋은 캘리포니아 소도시에서 오순도순 잘 살고 있답니다.'

그렇다면 새드엔딩은? '박사 학위를 결국엔 따지 못한 딸은 '박사 학위 수료'라는 애매한 타이틀을 달고 귀국합니다. 국내에서 어렵사리 자리를 구하기는 했는데, 시간강사라는 임시직입니다. 부모의 은혜를 갚기는커녕, 자기 혼자 살기도 버거운 보수에 허덕입니다. 자존감도 많이 떨어지고, 학벌만 높아 중매 시장에서도 배척당하다 보니 남자 만날 생각도 아예 버린 생기 없는 딸을 보며 부모는 한숨만 하염없이 쉴 뿐입니다.'

이 이야기와 비슷한 대부분의 실제 상황의 끝은 후자입니다.

'사'자 인생의 진실

사실, 많은 엄마들이 서울대 혹은 일류대 출신의 자식 갖기보다 더 바라 마지않는 마음속 깊숙이 꿍쳐놓은 욕망이 또 하나 있습니다. 바로 자식들 중 누군가가 '사'자로 끝나는 직업을 가졌으면 하는 것입니다. 판사, 검사, 변호사, 의사 그리고 약사. 이 직업들은 수십 년째 자녀들이 가졌으면 하는 직업 순위 최상위를 점하고 있습니다. 그 허접한 국내 박사 학위도 어쩌면 끝이 '사'자로 끝나서 돈을 대주는 것일지도 모릅니다. 어차피 그림의 떡이 되어버린 것들 대신에 말이지요. 어쨌든 그들의 시각으로 국내 일류 대학은 먼저 전국의 의대(한의대, 치대 포함), 그다음은 전국의 법대(또는 로스쿨이 설치되어 있는 학교), 그리고 약대 그다음이 이제 서울대입니다.

지금 좀 나이가 든 세대에서는 '사'자에 대한 경외감이 근거가 있었습니다. 그야말로 정말 똑똑한 사람들이 그런 대학을 가서 졸업하고 '사'자를 달았지요. 한번 달기만 하면 인생길 무척이나 순탄하게 뻗어나간 것도 사실이었습니다. 판·검사 하다가 퇴임하면 대형 로펌에서 어마어마한 돈을 주고 데려갔고, 변호사 개업을 해도 남부럽지 않게 떵떵거리고 살 수 있었죠. 의사 역시 그랬습니다. 대학병원 의사를 하든, 개업을 하든 최상위층의 부를 누릴 수 있었죠. 약사들도 그 정도는 아니었지만 매우 안정적인 삶을 영위하는 데에 아주 좋은 직업이었습니다.

문제는 그들의 그런 호시절이 끝난 지 꽤 되었다는 사실입니다. 개인회생제도를 이용하거나 파산 신청을 한 사람들 중 의사, 한의사, 치과 의사, 변호사 등이 매우 높은 비율을 차지하고 있고, 사법연수원 졸업자들 중에서 7급 공무원을 지원하는 사람들도 생겼습니다. 한 해에 변호사 2,000명, 의사 3,000명씩 나오는 판이니 당연한 결과지요. 이 추세는 앞으로도 계속될 것이고, '사'자 달린 직업의 앞날도 계속 불투명해질 예정입니다.

이런 방향이 과연 옳은 것인지에 대한 판단은 일단 유보하더라도, 공부 잘하는 아이들이 그런 직업에 지원하는 것이 반드시 나쁜 것은 아닙니다. 사실 적극 권장해야 된다는 생각이 없지 않기도 하죠. 왜냐하면 그들의 서비스를 받는 사람들의 입장에서 볼 때 그들은 매우 우수하고, 그래서 신뢰할 만하다는 평가를 할 정도의 인력이어야 하기 때문입니다.

의사가 되기 위한 과정을 한번 살펴보면 그 길은 아무나 갈 수 있는 길이 아닙니다. 일단 대학교를 기본 6년을 다녀야 합니다. 봐야 할 책들은 두껍고, 어렵고, 원서가 더 많은 부분을 차지합니다. 가끔 TV 의학드라마에 등장하는 의학 용어들을 떠올려보세요. 일반 영어 단어가 아닙니다. 그렇게 어려운 과정을 다 마치고 졸업을 하면 의사 국시를 쳐서 합격해야 합니다. 그렇게 해서 의사 면허를 따면 이제 인턴 1년, 레지던트 4년을 거칩니다. 전공의 과정이라고 하죠. 그게 끝나면 다시 세부 전문의 과정을 2년 정도 하기도 합니다. 의사로 가기 때문에 군대는 3년 4개월을 복무합니다. 총 17년 정도의 세월이 걸리죠. 군대 기간을 제외하면 14년 정도의 기간을 심각한 공부를 하면서 보내는 직업입니다. 물론 그 뒤로도 계속 공부를 해야 하고요. 공부를 원래 잘하고, 체력도 좋고, 히포크라테스의 선서를 굳세게 지키겠다는 신념으로 무장된 그런 DNA 소지자가 해야 할 일입니다.

이과에서 최고 수준의 성적을 자랑하니까 의대를 가자는 생각으로 시작할 일이 아닌 겁니다. 의사와 관련된 상황이 이런데 엄마들은 이제 겨우 초등학생인 아이를 의대 전문학원에 보내면서 일 년에 그 학원비로만 일억 원을 쓴답니다. 어떤 곳엔 코흘리개들이 다니는 의사 학원까지 있다고 하니 미쳤다는 말 외엔 달리 표현할 말이 없습니다.

법조인이 되는 길도 만만찮습니다. 일단 사법고시를 쳐야 하는

데, 그 준비에 필요한 책을 쌓으면 성인의 키를 넘습니다. 책의 내용은 한글로 쓰여 있지만, 보통 한국인들이 이해할 수 없는 정도의 난도가 있죠. 사법고시 합격까지 서울 법대 출신 평균이 5년이라고 하니 일반적으론 더 오래 걸릴 것입니다. 고시에 합격하고 나면 사법연수원 2년을 다녀야 합니다. 군대는 군법무관으로 3년 갔다 오게 되고요. 역시 군 생활 제외하고도 대략 11여 년의 세월을 역시 매우 어려운 공부를 하며 보내야 합니다. 법조인이 되고 난 후에도 어려운 법조문과 난해한 각종 사건 서류들을 끌어안고 살아야 하죠. 역시 타고난 공부 체질에다 몇 십 년의 빡센 업무 강도를 다 견딜 만한 체력, 그리고 자신의 법적 서비스가 타인의 인생을 좌지우지할 수 있기 때문에 정말 성실해야 한다는 확고한 직업관을 지닌 DNA 소지자가 아니면 안 됩니다. 특히 판사, 검사가 되는 사람들은 한 나라의 사회 정의가 자신의 두 어깨에 걸려 있다는 투철한 사명감으로 불타오르고 있어야 하죠. 역시 인문계 최고 성적이니까 당연히 가야지 할 길은 아닌 겁니다.

그 밖의 다른 '사'자 직군들도 별반 다르지 않습니다. 회계사, 변리사, 법무사, 세무사, 약사, 한의사, 치과 의사 등등도 숫자는 많지 않고 일은 많던 호시절이 지나간 그룹입니다. 공부는 힘들고 자격증까지 따는 데에도 많은 돈과 시간이 드는 것은 변함이 없는데, 경쟁은 심해지고, 개업을 해도 성공을 장담하기가 몹시 어려워졌습니다.

　게다가 요즘은 인터넷, 모바일 시대까지 도래해서 예전엔 푼돈이라도 벌던 일이 무료가 된 경우까지 발생하고 있습니다. 인터넷으로 정보 공유가 잘되는 바람에 군이 직접 가거나 만나지 않고도 정보를 얻거나 해답을 구할 수 있게 되었고, 전자 정부 시스템의 발달로 '나 홀로 소송'이나 '스스로 세금계산' 같은 것도 훨씬 쉬워졌습니다. 즉 모두들 가격을 낮추고 높은 데서 아래로 내려와 고객 눈높이에서 서비스를 해야 하는 상황이 되었다는 뜻입니다.

　결론적으로 '사'자 직군이 예전같이 부귀영화를 누리는 직업은 더 이상 아니라는 겁니다. 되기도 힘들고 되고 나도 금전적으로 보상받기는 매우 어려워졌습니다. 그러다 보니 '사'자가 주는 명예도 빛을 잃기 시작했습니다. 이젠 정말 사명감이나 정의감이 투철하여 국가를 위해 그리고 남을 위해 나의 타고난 공부 재주를 염가에 서비스하겠다는 마음으로 선택할 일이 되어가고 있습니다. 엄마의 손상된 자존심 혹은 부모의 명예 유지나 회복의 목적으로 시킬 일은 결단코 아님은 두말할 나위가 없습니다.

그림의 떡, 대기업

'사'자 직업군을 꿈꿀 수 있는 엄마들은 사실 그리 많지 않습니다. 위에 소개한 대로 그럴 만한 능력이 있는 사람의 수가 일단 매우 적으니까요. 그래서 아이가 대학을 가고 나면 이제 단 한 가지 희망 사항으로 대부분 엄마들의 꿈이 귀결됩니다.

'아이가 누구나 들으면 이름을 알 만한 회사에 취직만 되어도 좋겠다.'

그렇지 않아도 청년 실업 운운하는 기사가 대기업 공채 기간만 되면 때맞춰 등장하는 판입니다. '우리 아이가 취업을 할 수나 있을까?' 혹은 '어디 이름도 모르는 이상한 회사에 취직하면 어떻게 하지?' 등등의 생각에 진땀이 납니다. 그래서 이제 정말 마지막으로 아이에게 거는 바람은 제발 번듯한 회사에 취직하여 지금까지 상처가 날 대로 난 엄마의 자존심을 회복시켜주는 것입니다.

그러나 안타깝게도 그 희망 사항 역시 녹록한 것이 아닙니다. 이름을 들으면 남들이 알 만한 기업을 30대 대기업이라고 할 때,

그들이 일 년에 채용하는 인력은 상·하반기 공채 합쳐서 대략 2만 명 정도입니다. 적지 않은 숫자죠. 문제는 여기에 도전하는 사람들의 숫자가 어마어마하다는 것입니다. 2013년 기준으로 일단 재학생 중 취업 준비를 하고 있는 학생 수가 휴학생 포함 23만8천 명쯤 되는데, 그중 15만 명 정도가 민간 기업을 목표로 하고 있습니다. 취업 재수생이라 불리는 사람들이 약 27만3천 명 정도인데, 그중 민간 기업을 노리는 사람들은 약 8만 명입니다.

그러니까 곧 대학을 졸업할 예정이거나 막 대학을 졸업한 사람들 중 23만 명 정도가 이 2만 정도의 일자리를 희망하고 있을 가능성이 매우 높다는 이야기가 됩니다. 경쟁률은 간단히 10 대 1을 넘습니다. 여기에다 전체 취업 준비생 약 100만 명 중 민간 기업 희망자인 26만 명을 감안하면 20 대 1을 넘어갑니다. 정확히 통계로 잡혀 있진 않지만, 공무원시험 쳤다가 민간 기업으로 돌아서는 사람들 수까지 합치면 경쟁률은 좀 더 올라가죠.

취업 경쟁률이 높다는 말은 간단히 말해서 대학 서열대로 취업도 거의 결정된다는 말과 같습니다. 소위 말하는 일류대 출신들이 소위 알 만한 기업의 일자리를 거의 다 차지한다는 이야기입니다. 지금 현재 다니고 있는 대학의 이름이 사람들에게 낯설다는 말은 30대 대기업의 인사 담당자들에게도 그렇다는 의미입니다. 그들 역시 스스로 판단을 내릴 권한이 없으므로 보고 체계를 거치는 가운데 별도의 설명이 필요 없는 학교 출신들을 고를 수밖에 없죠. 이류대, 삼류대 출신인데 후보로 뽑아서 올려야겠다는 마음을 먹는 순간 그 직원은 여러 가지 어려움에 직면하기 십상입니다. 일단 둘이 무슨 개인적인 관계가 있는 사이가 아니냐라는 의심의 눈초리를 마주해야 하고, 일류대 출신들을 능가할 만한 사유나 근거를 추가로 제시할 수 있어야 합니다. 요즈음엔 그런 스펙을 마련할 수 있는 통로도 많아져서 웬만큼 센 것 아니면 바로 위 상급자 통과도 어렵습니다.

사실 대기업에서도 이런저런 이유로 대학 서열대로만 신입사원들을 뽑고 싶지는 않습니다. 역대 정부들의 압력이 심하기도 했고, 또 경험상 일류대 출신들이라고 해서 반드시 일을 잘하는 것은 아니기 때문입니다. 일부 대기업에선, 전해져오는 이야기에 따르면 관상 전문가를 면접관으로 앉혀놓기도 했다니 그들의 고충도 이해가 안 가는 것은 아닙니다. 실제로 직원 한 명 잘못 뽑은 것이 나중에 기업의 존폐를 가를 수도 있습니다. 우리나라나 외국이나 그런 사례를 쉽게 발견할 수 있죠. 그래서 그들도 정부의 방침을 어기지 않으면서도 인성으로 보나 실력으로 보나 우수한 사람들을 최대한 가려내어 뽑고 싶을 겁니다.

우리나라 취업 희망자들이 부동의 1위로 꼽는 삼성의 공채를 보면 그들의 속내를 어느 정도 구체적으로 짐작할 수 있습니다.

삼성에 취직하기 위해서는 지원 자격 요건을 갖춰야 합니다. 계열사마다 약간씩 다른데 대표적으로 삼성전자를 보면 학점은 4.5 만점에 3.0 이상, 토익 스피킹은 Level 4(50%) 이상, 오픽(OPIc)은 NH 이상(일상적인 대부분 소재에 대해 말할 수 있는 수준)을 만족시켜야 합니다. 한마디로 기본은 하는 사람들을 대상으로 한다는 것입니다. 그다음으로 삼성 직무적성검사(SSAT)를 통과해야 하는데 이 시험은 2014년의 경우 언어, 수리, 추리, 상식 등 기존 4가지 평가 영역에 시각적 사고를 추가하고, 상식 영역에서 인문학적 지식 특히 역사와 관련된 문항을 확대했습니다. 합격자 수의 1.5배수 정도의 인원이 합격하는데 그 수가 대략 7,000명에서 8,000명 정도입니다.

여기서 일단 첫 번째 결론이 하나 나오죠. '일류대 출신 모범생.' 소위 SKY대 정원이 합쳐서 약 만 명 정도이니 이론상으론 거기 출신들끼리 경쟁을 한다는 이야기가 됩니다. 지방대 출신 비율도 있고, 저소득층 배려 인원도 있고 해서 반드시 그렇지는 않지만, 어쨌든 일류대 출신이 아니면 지원하기도 전에 포기하기 십상인 조건입니다.

그런데 그 뒤가 더 문제입니다. 에세이를 하나 써내야 하고, 그것을 가지고 면접을 봅니다. 2014년 에세이 주제로 주어진 것이 다음과 같습니다.

- 지원한 직무를 선택한 이유와 그 직무에 필요한 역량을 갖추기 위해 어떠한 노력을 해왔는지 구체적으로 서술하고, 그 경험들이 앞으로 회사와 본인 발전에 어떻게 기여할 것이라고 생각하는지 작성해주시오.
- 도전적인 목표를 정하고, 목표를 달성하기 위해 체계적인 계획을 세우고 실천하였던 경험을 서술하고, 목표와 계획의 세부적인 내용과 그 과정에서 어려움을 극복한 방법, 결과적으로 본인이 얻은 성취에 대해 구체적으로 써주시오.
- 지원한 회사와 관련된 최근 이슈 중 본인이 생각하기에 중요하다고 생각되는 것을 한 가지 선택한 후 해당 이유에 대한 본인의 견해를 설득력 있게 밝혀주시오.

분량은 모두 합쳐 3,000자 이내입니다. A4 용지에 폰트 크기 10으로 할 때 세 장 내외 정도니까 양이 꽤 많습니다. 글 솜씨, 평소 생각의 깊이, 논리력, 어휘력, 분석력 다 드러나기에 아주 충분한 양이죠.

다음은 면접입니다. 임원 면접, PT 문제풀이, PT 발표, 토론 등의 과정을 밟는데, 간단히 말하면 임원들이 인성이 어떤지를 판단하고, PT 면접을 통해서는 에세이를 직접 쓴 게 맞는지를 본다고 보면 됩니다. 발표력과 담력, 평소의 행실이나 인품 정도까지도 드러날 수 있어서 연기력이나 꼼수로 뭔가 해보기는 애당초 글러 보입니다.

자, 이제 총체적으로 삼성 입사자의 형상에 대한 결론을 내려볼까요? 어려서부터 좋은 부모 밑에서 밝게 성장하여 학교 공부에 충실하고 자기주도적으로 생활하고 공부하는 습관도 있어서 각종 취미 생활과 독서, 봉사활동 등도 적극적으로 하였고, 일류 대학에 진학한 뒤에는 자신의 꿈인 삼성 입사를 위해 관련 책도 읽고, 경험도 쌓고 나아가 사회 전반에 대한 생각과 고민도 깊이 하여 문제가 무엇이 주어지든 막힘없는 주관을 펼칠 줄 아는 인재! 우와! 그저 탄성이 터져나올 뿐입니다. 그래서 삼성이 우리나라에서 '젤 잘나가는' 기업인가 봅니다.

그리고 이쯤에서 엄마들은 정신줄을 거둬들여야 합니다. 대기업 입사 역시 아이들 대부분에겐 그림의 떡이란 것을 가슴 깊이 새겨야 합니다. 뭐 그렇다고 해서 슬퍼하거나 아이에게 공부 유전자를 못 물려준 것에 대해 미안해할 이유는 없습니다. 최근에 한국 경영자 총회가 발표한 자료(2014)에 따르면 대기업에 취직해서 임원이 되는 비율이 고작 0.47%랍니다. 게다가 될 때까지 걸리는 기간이 23여 년이라고 하니 25세에 들어가서 47세에 임원이 되는데 함께 입사한 동기들이 100명이라면 그중 한 명도 남아 있지 않다는 얘기입니다. 요즘 수명 연장 속도로 보아 현재 아이들은 거의 90세까지 살 텐데, 대기업에 들어가서 불과 40대에 대부분 퇴직한다면 그리 좋은 직장은 아닙니다. 반면 중소기업은 20년 정도의 기간에 5.6%의 임원 승진율을 보여 장기적인 관점으로 보면 훨씬 좋은 직장에 속합니다. 대기업에 목을 매고 취업 재수, 삼수, 사수 하는 사람들은 이런 사실을 모르는 걸까요? 아니면 다른 이유, 이를테면 '좋은 타이틀' 강박증이 있는 걸까요?

희망의 마지노선, 공무원

이도 저도 안 되면 개성도 없고, 재주도 없고, 타고난 공부머리
도 없는, 그리하여 이력서만 100통 넘게 쓰다가 결국은 제자리로
돌아온 사람들이 배수진을 치고 선택하는 길이 공무원 되기입니
다. 일단 지원 제한 조건이 거의 없다시피 해서 대기업 지원과는
진입 장벽부터가 비교가 안 되게 쉽습니다. 대한민국에 거주하
는 신체 건강하고 모범적이고 성실하게 인생을 살아온 사람이면
18세부터 9급 공무원 시험에 응시할 수 있고, 20세 이상이면 7급
공무원 시험에 응시할 수 있으니 이건 뭐 거의 거저먹기처럼 보
입니다. 문제는 모두에게 그렇게 보인다는 것이죠.

그리하여 공시라 불리는 이 시험들의 경쟁률은 매년 상상을 초
월합니다. 2014년의 경우 9급 공무원 채용 인원 총 3,000명 선발
예정에 19만여 명이 원서를 접수하여 평균 64.6 대 1의 경쟁률을
보였습니다. 실제로 수험생들이 느끼는 경쟁률은 사실 이보다 훨
씬 높습니다. 일반 행정직이 393 대 1, 교육 행정직이 535 대 1, 시
설직 건축 일반이 607 대 1을 기록하고 있습니다. 이 정도의 경쟁

률이 도대체 얼마나 높은 건지 실감이 잘 안 되는 분들을 위해 비유를 하자면 어느 고등학교 건물 1층에 총 10개의 교실이 있고, 각 교실에 수험생 20명씩 들어앉아 시험을 친다고 가정할 때 393 대 1의 경쟁률을 자랑하는 일반 행정직에 합격하는 사람은 그 층에서 단 한 명도 안 나올 수 있다는 이야기입니다.

9급보다 선발 예정 인원이 적은 7급 공시의 경우 경쟁률은 당연히 더 올라갑니다. 2014년 7급 공무원 선발 예정 인원 730명에 총 6만여 명이 원서를 접수하여 평균 경쟁률이 83.9 대 1을 마크했습니다. 역시 인기 직종의 실제 경쟁률은 그보다 훨씬 높죠. 일반 행정이 120 대 1, 교육 행정 295 대 1, 출입국 관리 181 대 1, 검찰 497 대 1.

진입 장벽이 거의 없는데 지원자가 많으면 어떤 일이 벌어질까요? 공시촌이 생기고, 공시학원이 호황을 누리게 됩니다. 경쟁률이 높은 만큼 합격률이 낮으니 대부분이 장기전에 돌입하고 한 문제만 더 맞혔어도 붙을 수 있었다는 자괴감에 혼자 공부하는 것이 불안하고 남보다 더 많은 시간을 공부하는 방편을 찾다 보니 그런 것이 자연 발생적으로 우후죽순처럼 생성됩니다. 수십만 명이 몇 천 자리를 놓고 경쟁하다 보니 합격해서 공시촌을 떠나는 사람보다 머물러 있게 되는 사람이 훨씬 많고 그중 수년간 계속 실패하는 사람들이 결국은 공시폐인이 되기도 합니다. 나이는

40을 바라보는데 여전히 공무원 시험에 매달려 있고 불합격 횟수만큼이나 자신감은 계속 떨어져 이젠 공부도 잘 안 되고 느끼는 것은 한숨과 게으름과 담배와 술뿐인 신세라고 스스로 정의하는 사람들입니다.

여기서 한 가지 짚고 넘어갈 게 있습니다. 바로 그 어려운 공시 합격자들에 대한 이야기입니다. 그들은 어떤 사람들일까요? 힌트는 바로 시험을 통과한 사람들입니다. 그런데 그 시험에 합격하기가 몹시 어렵습니다. 그렇다면 이들은 앞 이야기에서 나온 공부 DNA가 훌륭한 아이들과 겹칠 가능성이 대단히 큽니다.

종합하면 공무원 시험도 일부 소수의 성적 잘 내는 사람들이 거의 다 차지한다는 이야기가 됩니다. 물론 고졸 출신의 합격자, 지방대 출신 합격자, 고령의 합격자들이 있기는 하지만 소수입니다. 9급에서 7급, 7급에서 5급으로 올라갈수록 이런 현상은 심화됩니다. 공시족들 사이에서는 '5급 합격자들은 거의 SKY급이다'라는 이야기가 돌고 있을 정도입니다.

이런 사정을 알고서도 공무원 시험에 사람들이 몰리는 이유가 뭘까요? 단순히 '논리적 사고가 부족해서'라고 하기에는 뭔가 석연찮은 구석이 있습니다. 일단 공시를 준비하고 있는 사람들 수가 거의 45만에 달한다고 합니다. 수능 시험 치는 숫자와 거의 같습니다. 2013년부터 고교 과목이 선택과목으로 들어오면서 고등학생들이 지원자 대열에 합류하고 있다고 합니다. 대기업을 다니다가 그만둔 준비생들도 꽤 많다고 합니다. 대기업 이직률이 10% 정도라고 하니 그렇기도 하겠습니다. 2009년에 응시 상한 연령도 폐지되어 공시 지원하는 나이대도 다양해졌습니다. 실제로 50대가 합격한 예가 나왔습니다. 즉 다양한 연령대의 남녀가 수년 동안 목표로 삼고 매진할 만한 일이 공무원 시험이라는 이야기가 되는 것입니다. 공무원이란 직업에 뭔가 무시 못 할 어마어마한 매력이 있음이 틀림없습니다.

'직업의 안정성.' 가장 많은 사람들이 말하는 공무원의 매력입니다. 쉽게 말해서 잘 안 잘린다는 의미입니다. 우리나라 노동법상 기업에서도 정규직은 잘 안 잘립니다. 다만 기업은 망할 수 있고, 정부는 망할 리가 없죠.

'빵빵한 연금.' 사람들이 두 번째로 꼽는 공무원의 매력입니다. 은퇴 후 매월 200만 원 이상을 받는다고 합니다. 이것은 꽤 매력적입니다.

'널널한 업무 강도.' 일부 예외를 제외하고 대부분 공무원들은 칼출근, 칼퇴근합니다. 공무원의 세 번째 장점이죠. '정시에 출근해서 여유롭게 업무를 소화하고 칼같이 퇴근하는 생활을 한 삼십여 년 한 다음, 은퇴해서 풍족한 연금으로 여행이나 다니면서 인생의 한가로운 황혼을 보내는 직업'이라고 정의를 내릴 수가 있 겠습니다.

그렇게 요약을 하고 보니 참 매력적인 직업으로 보이기 시작합 니다. 공부 좀 하는 아이들이 노려볼 만한 직업이 확실합니다.

그런데 공무원이라는 직업이 정말 그런 걸까요? 여유로운 근무 시간과 넉넉한 연금이 진정 그 이름을 제대로 대변하는 표현일까 요? 사실은 이렇습니다. 일단 조직을 보면 우리나라에서 아마 가 장 전근대적인 조직 문화가 공무원 조직일 것입니다. 철저한 상명 하복에다가 지켜야 할 온갖 규정도 많아 한마디로 조직 문화가 매우 경직되어 있죠.

요즘도 가끔 등장하는 국무회의를 떠올리면 됩니다. 대통령이 혼자 뭔가를 말하고 있고, 장관들과 비서관들은 모두 고개를 처 박고 뭔가를 열심히 적고 있는 모습. 노트북들은 앞에 놓여 있는 데 그것을 사용하는 이는 아무도 보이지 않는 기이한 풍경.

그런 조직이 가장 싫어하는 조직원은 누구일까요? 정답은 창의 적인 사람입니다. 거기에다 정열적이기까지 하면 완전 공공의 적 이 됩니다. 그런 이들은 수시로 공무원이라는 신분을 망각하고 이런저런 업무 개선 제안이나 신규 업무 창조 같은 아이디어를 냅니다. 동료들에게는, 그리고 직속 상사들에게는 정말 큰일 날 일이죠. 왜냐하면 거기에 동조하는 순간, 업무가 추가되고, 칼퇴근이 어려워지고, 잘 안 되었을 경우 책임을 지게 되어 승진에 문제가 생길 수 있기 때문입니다. 게다가 그 일이 진행되는 와중에 업무 분장이 벌어지면서 자신의 일이 사라질 수도 있습니다.

공무원을 대표하는 또 하나의 키워드는 복지부동입니다. 땅바닥에 엎드려 움직이지 않는다는 꽤나 모욕적인 이 표현이 언제부터 공무원들의 행태를 일컫게 되었는지는 확실하지 않으나 최근에 많이 등장한 때는 IMF 경제 위기 때였던 것으로 기억합니다. 복지안동이라는 말도 유행했는데, 이 말은 땅에 엎드려 눈알만 굴린다는 의미로 인구에 회자됐죠. 그러니까 무슨 큰 사고가 터지거나 경제 불황이 닥치거나 금융 위기가 오면 책임 소재를 따지게 되면서 해당 부처의 공무원들이 공격의 우선 타깃이 됩니다. 그런 문제들은 기본적으로 복합적이어서 딱히 공무원들만이 잘못의 근원이 아닌 경우가 다반사이지만 관련 공무원들의 죄를 더 엄히 묻게 되죠. 언론이나 기업이 잘못의 한 축을 이루고 있더라도 그들은 변명이 가능하지만 공무원들은 아닙니다. 즉 공무원은 그야말로 동네북입니다. 좋은 말로는 국민의 종복이라고 불리는데, 한자로 써서 그렇지 우리말로 옮기면 모두의 심부름꾼이라는 얘기입니다. 일을 잘하면 당연한 것이고 못하면 '욕을 바가지로 먹는' 자리입니다.

자, 이제 감이 오나요? 수년간 미친 듯이 공부해서 수십 년간 산 듯 죽은 듯 사는 일이 평생 공무원 하는 것입니다. 다시 말하면 공무원이라는 직업 역시 사명감과 보람으로 할 일이지, 공부 잘할 수 있고 시험 잘 보는 머리 있다고 선택할 목표는 아닌 것입니다. 이도 저도 안 되니까 할 도전의 대상은 더더군다나 아니며, 공무원 시험 준비 중이라는 말로 취업 실패로 상처 입은 자존심을 보상받으려고 해서도 안 되는 것입니다.

엉터리
교육 현장에서
잘 살아남기

CHAPTER 02

이 장에서는 그렇게 왜곡되고 방기된 교육 현장 속에서 어떻게 살아남을 수 있을까에 대한 이야기가 전개됩니다. 잘못된 것인 줄 알면서도 절대 다수가 가는 길이라 할 수 없이 따라가는 것을 하지 않아도 얼마든지 잘 살아낼 수 있는 방법을 제시합니다. 생각하기에 따라서는 너무 간단하거나 가볍게 보일 수도 있는, 하지만 실천하기에는 몹시 어려울 수도 있는 내용이지만, 세상살이의 진리는 모름지기 이해는 쉽고 구현은 어려운 법입니다. 어떻게 하면 아이와 엄마가 다 행복한데도 교육이 제대로 되도록 할 것인지, 운동, 노래, 만화, 게임에 빠져 공부를 아예 놓아버린 경우에 대한 해법은 무엇인지, 아무런 생각도 없이 생명 연장만 하고 있는 듯한 최고로 심각한 경우는 또 어쩔 건지에 대한 답변이 등장합니다. 대학을 안 가도 되는 이유가 아니라 대학을 가면 안 되는 이유, 이 나라만 고집할 필요가 없다는 이야기를 들려주고 이도 저도 아니면 그냥 학교를 모두 그만둬도 별 문제가 아님을 알려줍니다.

대한민국 태교 트렌드와 태교의 정석

모든 교육의 시발점. 바로 태교입니다. 요즘 태교에 대해 관심이 증폭되고 있습니다. 예전에도 태교는 있었습니다. '예쁜 것만 보고, 좋은 말만 듣고, 못생긴 과일·이상한 음식 먹지 말고……' 식의 일반적인 임신부 주의 사항이 사실은 태교의 시작이었죠. 모차르트 음악을 듣고, 미술 전시회를 보러 다니고, 마음을 따뜻하게 해주는 감성에세이 같은 것을 읽어 엄마가 행복해지면 태아도 덩달아 행복해져서 건강한 아이를 낳게 된다는 태교가 우리가 아는 일반적인 태교입니다.

그런데 최근에 태교하느라고 스트레스를 받고 있는 엄마들이 있답니다. 그래서 뭘 하나 봤더니 부푼 배를 껴안고 웬 수학 문제를 풀고 있습니다. 가만히 들여다보니 고등학생들이나 보는 『수학의 정석』입니다. 소위 '수학 태교'를 하는 중이랍니다. 왜 이런 걸 하느냐고 물어보니 자신이 수학을 못했기 때문에 아이의 수학머리를 만들어주기 위해서랍니다. 이건 뭐 웃을 수도 없고, 참 그 진지한 얼굴에 난감하기 짝이 없습니다.

일단 이 엄마들의 아이들은 수학 잘하기는 애당초 글러 보입니다. 왜냐하면 그런 태교가 얼마나 어리석은 건지 삼척동자도 알 것을 모를 정도로 머리가 좋지 않기 때문입니다. 즉 유전자가 머리 좋은 쪽은 아니니까 그런 말에 잘 속아 넘어간다는 이야기입니다. 아마도 자신들의 머리와 아기들의 머리가 블루투스로 연결되어 있다고 생각하는 모양입니다. 그래서 자기가 수학 문제를 풀면 아기도 같이 풀고, 그렇게 해서 자기가 수학 실력이 늘면 아기의 수학머리도 따라서 자라나리라 여기는 것이겠죠.

그런데 원래 수학 잘 못한 엄마들의 머리가 수학 태교한다고 결심하는 순간 갑자기 수학머리가 좋아질까요? 그렇지 않겠지요. 예전과 똑같이 여전히 『수학의 정석』은 그들에게 어려울 것입니다. 그래서 정말 그들의 생각대로 그들의 머릿속 상황이 그대로 아기에게 전해진다면 태교한답시고 『수학의 정석』 풀면서 끙끙대는 것도 그대로 전해질 텐데 그건 오히려 전달 안 되는 것이 낫지 않을까요?

수학 태교만 있을 리가 없겠지요. 영어 태교도 당연히 있습니다. 영어 태교용 책을 만들어 파는 사람들이 있더군요. 제목만으로는 보통 영어책과 달리 태교용 영어 같은 게 들어 있는 듯하지만, 뭐 딱히 검증된 것은 없습니다. 어떤 이들은 한동안 끊었던 영어 학습을 본격적으로 다시 시작하기도 합니다. 물론 태교 삼아 한다는 것이기 때문에 전과 달리 훨씬 집중력 있게 하기도 한답니다만, 어쨌든 수학 태교와 마찬가지 논리로 그걸 합니다. 블루투스로 연결된 두 두뇌 사이로 영어 단어와 문장들이 오고 가는 상상만으로도 아기가 나중에 영어를 잘하게 되리라는 기대가 충족되나 봅니다. 그들은 SF 영화를 너무 많이 본 게 틀림없습니다.

그밖에도 여러 가지 일들을 임신부들은 태교라는 이름으로 합니다. 평소에 안 읽던 책을 읽기도 하고, 관심도 없었던 클래식 음악에 하루 종일 노출되기도 합니다. 수영 잘하는 아이를 낳겠다고 수영을 배우고, 노래 잘하는 아이를 만들겠다고 노래방에 매일 가는 사람들도 의외로 많다고 합니다. 모두 아주 단순한 논리, 즉 내가 하면 아기에게도 어떤 방식으로든 전달이 되어서 나중에 성장 과정 중에 그 효과가 나타나리라는 생각으로 그러고 있는 것입니다.

그런데 말입니다, 정말 그 논리가 사실이라면 현재 50대 이상인 사람들은 남녀 불문하고 살림을 잘해야 합니다. 왜냐하면 그들의 어머니들은 태교를 할 때에 주로 살림하느라고 바빴기 때문입니다. 식구들이 많아서 하루 종일 밥하고 청소하고 빨래하는 것으로 세월을 보냈으니 그런 것으로 태교를 한 셈이고, 위의 논리대로라면 그들의 자식들 중에서 내로라하는 살림의 신들이 여럿 나왔어야 합니다.

바로 그다음 세대의 자녀들은 대부분 연예인이 되었어야 옳죠. 왜냐하면 핵가족화 시대를 맞이하여 다들 분가해서 살기 시작한 세대여서 남편 들어올 때까지 TV드라마 보며 태교를 한 사람들이 많기 때문입니다. 농사꾼의 자식은 농사의 신이 되고, 여류 바둑기사의 자식들은 모두 바둑의 신이 될 리가 없다는 것은 잘 알면서 그렇게 쉽게 각종 태교에 빠지는 것 역시 공부의 신을 모시는 것과 밀접한 관련이 있다고 말할 수 있습니다. 그래서 그렇게 멀쩡한 사람들이 비정상적 태교에 홀리는 것입니다.

태교의 정석은 아주 간단합니다. 임신부가 즐겁고 편안하게 할 수 있는 것이면 모두 정답입니다. 스트레스 받고, 힘들고, 괴로운 태교는 하지 말아야 할 태교입니다. 아기에게 전달되는 것은 엄마가 기뻐하면서 생기는 행복 호르몬과 긍정 에너지거나 슬프거나 기분 나빠서 생기는 스트레스 호르몬과 부정적 에너지입니다. 엄마가 지닌 능력이나 지식이 관을 타고 혹은 블루투스 기능을 통해 전달되는 일은 없습니다, 전혀.

유아기 자녀 교육의 핵심은 관찰!

아기가 태어나면 엄마들 대부분은 눈물을 흘립니다. 이 세상에 놀라운 존재 하나를 무사히 부려놓은 감동 때문이겠죠. 그 조그만 몸에 있을 건 다 있습니다. 채 딱딱해지지도 않은 작디작은 손톱과 발톱, 겨우 자리만 잡은 눈썹, 뭐가 좋은지 아무 이유 없이 그냥 살짝 웃는 웃음 등등을 보면 생명이란 게 참 경이롭지요. 쌕쌕거리며 잠든 모습은 몇 시간을 보고 있어도 질리지가 않고, 그저 이런 게 행복이다 싶습니다.

그런데 그런 평화가 그리 길지는 않죠. 젖을 먹이는 것에서부터 시작해서 잠을 재우고, 트림 시키고, 온도 맞춰 옷 입히고 벗기고, 놀아주고 등등 뭐 하나 생각대로 되는 게 별로 없습니다. 울면 왜 우는지 아기의 머릿속을 들여다보고 싶을 정도로 답답하고, 젖 투정, 잠투정에다 열나고 토하고 경기하는 등의 일들을 겪다 보면 때론 겁도 덜컥 나고, 뭔가 잘못하고 있는 건 아닐까 걱정이 뭉게구름처럼 솟아오르기도 합니다.

그래서 엄마들은 늘 아기를 봅니다. 또 만져보고, 안아보면서 밀착 조사를 진행합니다. 그리하여 뭔가 하나씩 실마리를 잡아가기 시작하죠.

"여보, 애는 등을 살살 문질러주면 트림을 잘해."

"젖을 10분 정도 빨고 나면 꼭 쉬어. 그러고 나서 다시 죽죽 빨아."

"이상하게 모빌만 움직여주면 금방 잠들어. 최면에 걸리는 것 같은데 괜찮을까?"

직접 보지 않은 사람들은 절대로 알 수 없는 자세한 이야기를 합니다. 당연히 이런 현상들은 대개 일반적이지 않습니다. 개별 아기들만의 특별한 모습입니다.

'오직 자신의 아기에 대해서만 관심을 기울이고 남들이 이런저런 이야기를 하면 우리 아기는 달라, 라고 이야기하는 엄마.' 그리하여 자기 아기의 개별적이고 특별한 습성에 대해 할 말이 많은 엄마. 바로 이 모습이 유아를 키우고 있는 엄마들의 기본자세입니다. 사실은 대부분 엄마들이 하고 있고, 그래서 새삼스럽게 굳이 강조할 필요가 없는 사안입니다.

그런데 그렇게 모범적으로 잘하던 엄마들이 갑자기 뜻 모를 행동을 하기 시작합니다. 마치 자신의 아기를 전혀 모르는 것처럼 보이기까지 합니다. 언제 그러냐고요? 누군가가 유아 뒤에 '교육'

이라는 말을 갖다 붙이는 순간입니다. 그렇게 자신의 아기에 대한 확신에 차 있던 그들의 눈빛이 부지불식간에 멍한 빛을 띠기 시작합니다.

'교육'이라는 말 앞에서 갑자기 멍해지는 현상은 아기가 점점 어른의 형상과 가까워질수록 심해집니다. 유아용품 가게에 갔다가 '유아 교육 키트', '유아 챌린지 교육', '유아 홈스쿨링' 같은 걸 발견한 순간 엄마들 대부분의 머릿속에선 비상벨 같은 소리가 울립니다. 집으로 돌아와 인터넷을 뒤져보니 이런 글들이 발견됩니다.

'3세 엄마입니다. 정말 시키길 잘 했다는 생각이 들어요. 그 키트를 쓴 지 얼마 되지도 않았는데, 아이가 주변 사물에 집중적으로 관심을 보이고 있습니다'

'우리 아이 정말 똑똑해질 것 같아요. 사실 저 닮은 것 같아서 내심 걱정이었는데, 이제 안심입니다.'

엄마들의 얼굴은 화끈거리고, 머릿속 비상벨은 이제 앰뷸런스 출동 소리로 바뀌어 있습니다. 그러다가 아이를 보니 느닷없이 미안해지기까지 합니다. 이대로 있다가는 남들 다 하는 것도 모르고 아이의 경쟁력을 떨어뜨린 게으르고 철없는 엄마가 되기 십상일 것 같습니다. 그리하여 척 봐도 알바의 댓글이라는 걸 눈치 채지 못하고 그들의 '호갱님'이 되는 첫 발자국을 떼게 됩니다.

영어유아원, 영어유치원, 유아영재교실, 유아창의성 지도 등등이 '호갱님'이 된 엄마들을 유혹하는 대표작들입니다. 영어와 영재. 숱한 엄마들의 가슴 깊이 아로 새겨져 있는 옛 상처들을 다시 불러내는 치명적 단어들입니다. 무언가에 홀리듯 그들의 영업장에 들어서면 상담실장이라는 이들이 이런 말을 던지죠.

"잘 오셨어요. 이제 시작해야죠."

그다음 광경은 보나마나입니다. 마치 마법에 걸린 듯 그들이 조종하는 대로 교재를 사고, 코스를 선택하고, 신용카드를 꺼내 긁고 집으로 돌아옵니다. 만면에 뿌듯한 미소를 띠고서.

"이런 행위가 무엇이 문제인가요?"

이 질문을 던지는 엄마의 얼굴은 일견 순진무구해 보이기까지 합니다.

대답은 이렇습니다.

"순서가 틀렸습니다."

모름지기 세상의 모든 교육은 피교육 대상에 대한 정확한 분석과 이해로부터 출발해야 합니다. 우선 사람 자식들의 특성부터 살펴야 합니다. 동물들과 달리 사람의 자식들은 오랫동안 키워야 사람 구실을 합니다. 소나 사슴, 사자나 호랑이 새끼들을 보면 태어나서 몇 시간만 지나도 기어 다니고 젖 먹고 자고 하는 일들을 혼자서 합니다.

반면 사람의 자식들은 어른의 손길 없이는 누운 채로 버둥대는 것밖에 못 하죠. 뭔가 아쉬우면 우는 것이 할 수 있는 행위의 모든 것입니다. 그 상태에서 뒤집고 일어나 앉고, 기어 다니고, 서고, 걷는 등의 발전을 몇 달 동안에 걸쳐서 대개 스스로 이룩합니다. 엄마가 그동안 주로 한 일은 먹이고, 입히고, 재우고, 세상의 위험으로부터 보호하는 것이었습니다. 신체 발달이 이루어지는 한편으로 정신적인 발달도 급속도로 진전됩니다. 사람을 구별하고 희로애락을 표현하고 호기심을 충족시키는 활동이 착착 진행됩니다. 아기들이 이것저것 만지고, 소리 질러보고, 먹어보는 일련의 행동들이 사실은 모두 학습을 하는 셈입니다.

'스스로 학습.' 이것이 유아 시절에 사람의 자식들이 하는 학습 유형입니다. 다 같이 사람의 자식이므로 공통으로 하는 학습, 예를 들면 물건 흩어놓기, 뭐든 뚜껑 열어 짜보기, 뭐든 입으로 가져가기, 바를 수 있는 건 다 발라보기, 만질 수 있는 건 다 만져보기 등등을 합니다. 또 다들 다른 사람들의 자식이므로 각자 다른 학습을 진행하기도 합니다. 예를 들면 뭐든 두들겨본다거나, 책만 끊임없이 읽어달라고 한다거나, 좌우간 쉴 새 없이 말을 한다거나 하는 식으로 말이지요. 어쨌든 굳이 어디를 갈 필요는 없는 학습 형태입니다.

그런데 여기서 영어유아원이라는 곳을 가볼 필요가 생깁니다.

도대체 스스로 학습을 할 아이들을 데리고 뭘 하고 있는지 알아야겠습니다. 그곳은 생후 6개월 이상의 아기들이 영어를 배우는 곳이랍니다. 대부분 잘 앉지도 못하는 아기들은 모두 엄마에게 등을 대고 안겨 있습니다. 낭랑한 목소리의 강사가 영어로 뭔가를 외치자 엄마들은 아기들을 쳐다보며 따라 합니다.

아기들은? 멀뚱멀뚱 엄마를 쳐다보다가 강사를 쳐다보기를 반복하다가 이내 딴짓을 시작합니다. 그래도 강사는 아랑곳하지 않고 열심히 영어 소리를 냅니다. 어떤 엄마는 자꾸 다른 데로 돌아가는 아기의 머리통을 정면을 향하도록 붙들고 있습니다.

"처음에는 별로 관심이 없는 것 같더니, 요즘은 TV에서 영어 소리가 나오면 그쪽으로 고개를 돌려요. 이렇게 일찍 시작한 보람이 있는 것 같아요." 흡족한 표정으로 자신의 아기를 바라보면서 이 말을 하는 엄마의 눈엔 기대가 한가득입니다. "저는 못했지만, 우리 아기는 누구보다도 영어를 잘하게 하고 싶어요."

영어유아원에서 상담을 진행하는 이들의 말을 들어보면 엄마들이 왜 이러는지 짐작이 잘 됩니다.

"요즘 아기들은 6개월이면 다 시작해요. 어머님은 너무 늦게 오신 거예요."

돌이 막 지난 아기를 데리고 '너무 이른 것 아닐까' 하는 우려와 함께 영어유아원의 문을 두드린 어느 엄마는 저 말을 듣는 순간 바로 자책 모드로 바뀌게 되죠.

"우리 아기, 미안해. 엄마가 너무 무지해서 널 뒤처지게 했네."

울먹거리며 이런 말을 하는 엄마들을 보면 누가 엄마이고, 누가 아기인지 구분이 안 갈 지경입니다.

'남들보다 뒤처지게 할 수는 없다!'

이것이 바로 우리나라의 거의 모든 엄마들이 동의해 마지않는 교육의 대명제입니다. 이것이 얼마나 강력하냐 하면 세상의 모든 고매하고 심오한 교육학, 뇌 과학, 유전학 등이 모조리 그 앞에서 힘을 못 씁니다.

'유아 교육은 유아의 성장 메커니즘에 맞추어 해야 합니다.'

'뇌 과학적인 관점에서 유아기 때 교육은 뇌 성장 패턴을 고려해야 합니다.'

'유아의 유전적 성향을 반영하는 유아교육이 기본입니다.'

오랜 연구를 통해 얻은 이와 같은 결정적 조언들에 대해 저 명제를 신봉하는 엄마들은 이렇게 말합니다.

"그건 이론이고……."

자, 이 영어유아원 열풍은 일종의 재앙의 예비라고 부를 수 있습니다. 사람의 두뇌 발달 단계를 아는 사람이라면 경악을 금치 못할 일이기 때문입니다. 유아기에 일어나는 두뇌의 발달 중에서 가장 중요한 부분이 바로 감정 조절의 기능을 담당하는 전두엽의 성장입니다. 쉽게 말해서 이 부분이 제대로 발달하지 못하면 감정 조절이 안 되는 인간으로 자라납니다. 흥분하면 행동 조절이 안 된다는 말이죠. 화가 나서 폭력을 휘두르고 최악의 경우 살인을 저지를 수도 있다는 이야기입니다.

그렇게 유아기를 보낸 아이들 중 누군가가 20년, 30년 뒤에 '지하철 개똥녀', '패륜남', '묻지 마 살인범'이 될지도 모른다는 상상을 한번 해보세요. 만만찮은 아이들이 그렇게 자라고 있으니 그런 사건의 빈도가 갑자기 확 높아질 수도 있다는 얘기가 됩니다. 그때가 되면 정말 사람 많이 모이는 공공장소를 기피해야 하거나 모르는 사람과는 일정 거리를 두지 않으면 안 되는 사태에까지 이를지도 모릅니다.

게다가 전두엽은 창의성과 기획력, 호기심과 집중력에도 관여합니다. 유아기에 공부를 시키면 창의성과 집중력에 결정적 손상을 입기 십상이어서 어른이 되기도 전에 이미 어떤 일에도 관심이 없는 아이가 될 수도 있습니다. 남들보다 먼저 공부를 시켜 더 앞서 나가게 하려다 오히려 공부 자체가 불가능하게 될 수도 있다는 것이죠. 근래에 부쩍 늘어난 ADHD(주의력 결핍 과잉행동장애)가 바로 전두엽 손상이나 미숙으로 벌어지고 있는 그 대표적 현상입니다.

일전에는 어느 방송사에서 더 심한 사례를 취재해 보여준 적도 있습니다(EBS 다큐프라임, '언어발달의 수수께끼', 2011년 10월 24~26일). 그 아이의 엄마는 어떻게 해서든 다른 아이들보다 더 빨리 영어를 잘하게 하고 싶은 욕망으로 아이가 고개도 못 가누는 시기부터 아이의 고개에 쿠션을 갖다 대어놓고 영어 방송을 보게 했습니다. 아이가 고개를 돌리거나 몸을 틀면 열심히 방향을 제대로 잡아주면서 이렇게 앞서서 하면 불과 두세 살도 안 되어 영어가 되겠지 했던 거죠.

결과는 참혹했습니다. 아이의 두뇌 발달이 심하게 저해되어 후천적 자폐가 되고 말았습니다. 아이의 엄마는 인터뷰 내내 피 끓는 울음을 토했지만 이미 아이의 두뇌는 완전히 고장이 나고 만 뒤였습니다. 아시다시피 인류가 지금까지 치료에서 거의 진전을 보지 못하고 있는 것이 두뇌의 병입니다. 그 아이는 이제 평생을 그렇게 장애를 안고 살 수밖에 없습니다.

그 정도까지 심하지는 않아도 아이들은 그런 교육이 잘못된 것이라는 신호를 계속 보냅니다. 뾰루지가 나고, 신경질이 심해지고, 소화장애가 오는 식으로 말을 잘 못하는 그 나이대의 아이들은 온몸으로 표현합니다. 결국 엄마도 아이를 병원에 데려가죠. 대개 진단이 스트레스성이라고 나옵니다. 학원을 쉬는 게 답이라는 처방에 따라 아이를 마지못해 집에 둡니다. 그런데 그게 불과 몇 달을 가지 않습니다. 피부병이 낫고, 아이에게 다시 웃음이 돌아오면 엄마는 다시 아이를 다른 영어유아원, 영어유치원에 보냅니다. 실제로 그런 행동을 한 엄마에게 취재진이 물었습니다.

"저번에 아이의 증상을 봤는데도 다시 비슷한 학원에 등록하는 게 불안하지 않나요? 다시 아플 수도 있을 텐데……."

"그래도 어떻게 해요. 견뎌내야지요. 안 그러면 다른 애들은 저만치 앞서 가고 있는데 어떻게 따라잡아요?"

개나 소나 말도 훈련을 시키게 되면 각각의 특성에 따라 조심스럽게 과정을 진행하게 됩니다. 개를 훈련시킨다면서 말 훈련 프로그램을 쓰지는 않는다는 이야기입니다. 그 짐승들보다 훨씬 우등한 존재인 사람의 아기들에게는 더더군다나 맞는 프로그램을 써야 합니다. 스스로 학습을 하는 단계에 타율 학습 방식으로 소화도 안 되는 프로그램을 때려넣으면 사람이 괴물이 되거나 짐승이 되거나 더 이상 자라지 않게 됩니다.

이 사실 역시 대부분 사람들이 알고 있습니다. 아기들을 제대로 교육하는 법은 그래서 사랑하는 마음으로 잘 관찰하는 것부터 시작해야 합니다. 자신이 낳았지만 결코 모를 일이 한 길 사람 속이라서 잘 관찰해가며 키워야 합니다. 그저 남이 한다고 뭐든 따라서 시킬 일이 결코 아닌 것입니다.

교육 과정 중에서 유아기 때의 '스스로 학습 과정'이 전 생애에 걸쳐 벌어지는 모든 학습 과정 중에서 가장 중요합니다. 왜냐하면 그 과정 속에서 아이들은 자기 나름의 방식대로 세상과 소통하는 법을 알게 되기 때문입니다. 그리고 그것은 훗날 그들이 자신의 꿈을 찾아가는 길에서 나침반 역할을 합니다.

초등학생은 모험가들이다

초등학생들의 하루를 가만히 살펴본 일이 있습니까? 아니면 여러분의 초등학생 시절을 찬찬히 떠올려본 적이 있나요? 그럴 때 반드시 생각나는 것이 '놀이'입니다. 초등학생들은 정말 많은 놀이를 하며 지냅니다. 공기놀이부터 시작해서 고무줄놀이, 술래잡기, 숨바꼭질, 무궁화 꽃이 피었습니다, 구슬치기, 비석치기 등등 부모 세대에게 매우 익숙한 놀이서부터 각종 컴퓨터게임에 이르기까지 마치 놀이가 삶의 의미인 것처럼 열정적으로 몰두합니다. 축구, 야구, 농구 등등 남자아이들은 공으로 하는 것에도 집중합니다. 인형놀이, 소꿉놀이 같은 것은 예나 지금이나 여자아이들의 인기 놀이 아이템이죠. 유아기 아이들이 주로 감각을 동원하여 개별적으로 그리고 원시적으로 세상을 접수하는 활동을 한다면 초등학생 아이들은 그런 경험과 지식을 바탕으로 응용 활동에 들어간 셈입니다.

초등학생이 되면 본격적으로 시작되는 학습활동 역시 그들의 이런 놀이 특성에 맞춰져 있어야 합니다. 한마디로 재미있어야 합니다. 학습이 재미가 없는데 아이들이 꾹 참고 열심히 하는 경우는 매우 드뭅니다. 그런 경우도 잘 들여다보면 본인의 순수한 의지 외의 다른 기제가 작동하여 그런 모습을 보이는 게 대부분입니다.

"한 문제 틀릴 때마다 한 대씩"과 같은 공포 유발 기제에서부터 "이번에 일등 하면 스마트폰 네 거다"와 같은 유혹의 기제에 이르기까지 초등학생들의 속성을 잘 이용한 무엇인가가 놀고 싶은 욕구를 이기고 책상 앞에 앉게 만드는 것이죠. 초등학생들 대부분은 어쨌든 그럼에도 불구하고 책상 앞에 앉아 있기는 하지만, 재미없는 공부는 하지 않습니다.

그 모습은 숱한 엄마들이 늘 생생하게 경험하는 일이기도 합니다. 공부한다고 들어간 지 세 시간이 넘어서 검사를 해보니 문제지가 거의 깨끗했다든가, 풀어놓긴 했는데 답을 맞춰보니 맞힌 게 거의 없었다든가 하는 뚜껑이 확 열리던 경험을 안 해본 엄마는 거의 없다고 봐도 됩니다. 그 자리에서 폭풍 잔소리와 분노를 쏟아내기는 하지만 아이는 그다음 날에도, 또 그다음다음 날에도 별로 변하지 않습니다.

엄마들은 답답한 가슴을 어찌할 줄 몰라 전문가를 찾고, 주변에 도움도 청해보지만 정작 그 원인이 '공부가 재미없어서 열심히 하려고 해도 되지 않는' 아이의 지극히 정상적인 반응이라는 것을 까맣게 모릅니다. 예술영화로부터 아무런 감흥을 못 느끼는 사람들에게 그런 영화를 보여주면 잠이 드는 것과 같은 이치입니다.

재미를 느끼게 해주는 공부는 그럼 어떤 걸까요? 놀면서 하는 공부일까요? 아니면 10분 공부하면 50분 놀 수 있다는 그런 공부일까요?

일단 집에서 하는 학과 공부는 초등학생들 대부분에게는 할 필요가 없습니다. 그 아이들에게 하루에 필요한 학과 공부는 이미 학교에 갔다 온 것으로 충분하기 때문입니다. 그들이 학교에서 수업시간에 충실했건 안 했건 간에 그렇습니다. 수업시간에 충실했던 아이들은 공부 체질이어서 좋은 집중력으로 잘 소화를 했을 것이기 때문에, 그러지 않았던 아이들은 공부 체질이 아니어서 학교 공부만으로도 충분히 스트레스를 받았을 것이기 때문에 그렇습니다. 집에서 추가로 학과 공부를 더 해야 하는 아이들은 공부를 좋아하기는 하는데 습득 능력이 좀 모자라거나 지적 장애가 있는 아이들뿐입니다.

자, 이제 짐작하셨나요? 초등학생들이 재미있게 할 공부는 스스로 좋아서 하는 공부입니다. 아니면 자발적으로 계획을 세워 하는 공부이기도 합니다. 예를 들면 영국 프리미어리그 축구에 빠져 있는 아이가 있습니다. '맨체스터 시티' 팬인 그 아이는 그

팀 선수 개개인에 대한 정보를 소상히 꿰고 있을 뿐만 아니라, 그 구단 운영에 관한 것까지도 아주 잘 알고 있습니다. 뿐만 아니라 맨체스터 시티와 대적하는 다른 팀들에 관한 정보를 늘 공부하여 맨체스터 시티가 앞으로 무엇에 대비해야 하고 어떤 성적을 낼지 연구에 연구를 거듭합니다. 그런가 하면 일본 만화에 심취한 아이도 있습니다. 3학년 무렵부터 거기에 빠져들더니 6학년이 되자 일본 만화의 역대 계보를 줄줄이 읊고 웬만한 주인공들은 슥슥 그려내는 수준에 이르렀습니다. 전투기에 빠진 아이, 자동차에 몰입한 아이, 춤이나 노래에 열광하는 아이 등등 수많은 아이들이 그런 공부를 스스로 합니다. 다만 우리나라에선 아주 소수지요. 왜냐고요? 엄마라는 아주 막강한 훼방꾼이 못 하게 하거든요.

초등학생들이 이런 공부를 해야 하는 이유는 그런 공부를 그때밖에 할 수 없기 때문입니다. 그 시기가 지나고 나면 관심의 폭도 넓어지고, 생각의 깊이도 늘어나 바로 실천에 들어가는 일이 확 줄어듭니다. 사춘기가 오기 때문이죠. 그러니 초등학교 때 샘솟듯 솟아오르는 호기심과 그것을 충족시키기 위해 발동되는 모험심이 꺾이지 않도록 하는 것은 꿈을 찾아가는 길에서 용기를 잃지 않도록 하는 데 필수적인 조건입니다. 이것저것 시도해보고 실패하고 다시 도전하는 작은 성공과 실패의 경험을 하다 보면 나중에 중학교, 고등학교 가서도 온갖 불합리한 상황 속에서 스스로 견디는 법이나 비상구 찾는 법을 알아냅니다.

　엄마들이 할 일도 있습니다. 별로 관심을 보이지 않는 분야에 대해 아이들이 한 번쯤은 체험할 수 있도록 해주는 일이 바로 그 것입니다. 초등학생들은 거의 외골수 스타일로 하나에 빠져드는 쪽이므로 곁눈질을 거의 하지 않습니다. 게다가 세상 지식도 일천하므로 새로운 배움이 어떨지 감도 잘 못 잡습니다. 일단은 한 번만 해보도록 하는 게 중요합니다. 가장 좋은 방법은 부담 없이 할 수 있게 하는 것입니다.

　"이거 한번 해볼래? 일주일만 다녀보고 싫으면 안 다녀도 돼. 그냥 안 했는데 나중에 보니 정말 재미있는 거더라 뭐 이런 일이면 좀 억울하잖아?"

　그야말로 '좋으면 좋고, 아니면 말고' 식인 것이죠. 그러면 아이도 '그래, 엄마 한번 봐주는 셈치고 가볼까?' 하는 마음으로 가게 되어 거부감 없이 접하게 되는 것입니다. 그럴 때 절대로 하지 말아야 하는 말은 '너는 어떻게 뭐 하나 진득하게 하질 못하니?'라는 종류입니다. 이런 말은 십중팔구 사실이 아닙니다. 세상의 모든 아이들은 무엇이든 마음에 들어와 박힌 것에 대해서는 엄청난 몰입을 보입니다. 엄마들은 그것이 오로지 공부이기를 바라지만, 그 바람대로 초등학생들이 모두 그렇게 되면 우리나라 그냥 조용히 망합니다.

어쨌든 초등학교 시절은 사춘기 시절이 닥칠 것에 대비하는 시기입니다. 충분히 놀고, 실컷 몰입하고, 흠뻑 사랑을 받아 다가오는 질풍과 노도의 시기를 잘 맞이해야 하는 것입니다. 그래서 이때 잘 크는 아이들의 특징은 잠을 마치 기절한 것처럼 잔다는 것입니다. 엄동설한에 떠메고 나가 옆집에 옮겨놓아도 모를 정도로 잔다면 아주 잘 성장하고 있다는 명백한 징표입니다.

중학생 시절은 몰입하고 체험하는 시기이다

질풍과 노도의 시기 그러니까 사춘기에 들어서면서 중학생들에게 세상은 혼란스러운 모습으로 다가옵니다. 포켓몬과 바비인형과 맛있는 군것질거리와 '무도'의 스타들로 충만했던 인생살이가 어느 날 갑자기 시시해지고, 자신과 친구들의 외모와 패션에 눈길이 가고, 선생님들의 얼굴과 말과 손길에 희비가 엇갈리는 희한한 느낌이 찾아옵니다. 그리고 무엇보다 생각이 많아집니다. 생각의 봄이 찾아왔으니까요.

일단 신체의 변화부터 감당을 해야 합니다. 털이 나고, 목소리가 변하고, 신체 조직이 변하면서 동시에 이성에도 눈을 뜹니다. 이게 이만저만한 일이 아닙니다. 몸은 자기 몸인데 통제를 종종 할 수 없는 일이 벌어집니다. 도대체 왜 이런 변화가 일어나는지 놀랍기도 하고 끔찍할 때도 있습니다. 이 모든 것에 대한 설명을 어른들은 잘 해주지도 않습니다. 의무적으로 하는 교육이 있기는 하지만, 재미가 없고 내용도 추상적이어서 호기심이나 고민 해결에는 거의 도움이 되지 않습니다. 부모에게 물어보아도 돌아오는 대답은 대개 이렇습니다.

"그렇게 어른이 되는 거야."

아이들에게 필요한 것은 '어떻게 어른이 되는가'에 대한 답입니다. 또는 '무슨 일이 앞으로 더 벌어지는가'에 대한 정보입니다. 그래야 불안함 없이 그리고 당황하는 일 없이 성장을 감당해낼 수 있습니다. 그래서 아주 자세하게 알려줘야 합니다. 털은 얼마나 어디까지 나고, 냄새의 원인과 대책도 가르쳐줍니다. 자기 몸의 성적 변화와 이성의 신체 변화에 대해서도 상세하게 일러주고 걷잡을 수 없이 솟아나는 성적 욕구가 자연스러운 현상이며 그걸 어떻게 조절하고 상호간에 어떻게 대해야 하는지도 구체적으로 지도해야 합니다.

공부에 대해서도 마찬가지입니다. 세상의 모든 아이들이 국어, 수학, 영어, 사회, 과학 등을 다 배워야 하는 것은 아니라는 것을 분명히 알려주어야 합니다. 그중 한 과목만 특별히 잘하는 것, 어느 과목도 잘하지 못하는 것, 심지어 아무리 해도 어떤 과목도 잘할 수 없는 것에 대해 아주 확실하게 모두 정상이며 아무런 문제가 아니라는 것을 가르쳐주어야 합니다.

지금까지 특히 우리나라에서 통용되었던 공부에 관한 속설, '누구나 열심히 제대로만 하면 공부를 잘할 수 있다'는 것은 맞지 않을 가능성이 매우 높아졌습니다. 앞에서 말한 '일만 시간의 법칙은 틀렸다'는 연구를 수행한 잭 햄브릭 미시간주립대 연구팀의 결론대로 게임이나 음악, 스포츠와 달리 공부만큼은 아무리 해도 공부 체질을 타고난 아이를 따라 잡을 확률이 4%밖에 안 된다니 말입니다. 다른 분야는 그래도 18%(스포츠)에서 21%(음악), 26%(게임) 정도의 확률로 노력할 만합니다. 결론적으로 공부보다는 다른 분야를 찾아 열심히 노력하는 것이 대가가 될 확률이 훨씬 높다는 얘기입니다.

이 시기에 엄마들을 가장 괴롭게 만드는 것 중 최고는 게임 중독입니다. 컴퓨터를 거실에 내어놓게 하거나 게임 가능 시간을 정하거나 아니면 아예 컴퓨터를 없애버리는 등의 별의별 수단을 동원해보지만 별무신통입니다. 아이는 학원 대신 몰래 피시방에 가기도 하고, 친구 집에 놀러 가서 하기도 하고, 가능한 한 모든 방법을 동원해 게임에 몰두합니다. 이대로 놔두다가는 필시 게임 중독에 빠져 인생 망치게 생겼습니다.

그리하여 엄마와 아이의 전쟁의 막이 오릅니다. 서로 쫓고 쫓기는 가운데 아빠까지 등장하면서 파국으로 치닫기 시작합니다. 컴퓨터가 부서지고, 아이는 가출을 일삼기 시작하고, 성적은 바닥을 칩니다. 이쯤 되면 사태 해결은 매우 어려워집니다. 잘못되면 온 집안이 파국으로 치닫기도 합니다.

그럼 대책은 정말 없는 걸까요? 있습니다. 의외로 간단하기까지 합니다. 다만 실천이 어렵습니다. 즉 그냥 믿어주는 것입니다. 그리고 기다려주는 것입니다. 엄마가 아이를 믿고 기다려주면 아이는 대개 스스로 게임으로부터 일상으로 돌아옵니다. 얼마 만에 돌아오느냐는 아이마다 다르고, 때로는 수년이 걸리기도 하지만, 어쨌든 돌아오는 것은 십중팔구 분명합니다. 어른들이 낚시를 다니고, 등산을 하고, 테니스를 치고, 고스톱을 하는 것처럼 아이들에게도 그런 행위가 필요하고 그중 대표가 컴퓨터게임일 뿐이기 때문입니다.

현재 어른들도 과거 그 나이 때에 컴퓨터게임에 버금가는 소위 바람직하지 못한 탐닉이 있었죠. 만화, 무협지, 하이틴 소설, 잡지, 아이돌 팬클럽 등등 뭐 하나 컴퓨터게임 못지않게 아이들을 잠 못 이루게 했습니다. 그때 그런 것에 빠져 헤매던 아이들이 지금 어떻게 되었나요? 대부분 별 탈 없이 정상적인 어른으로 자라나 잘들 살고 있을 겁니다. 그 시절 그 몰입에 대해 한편으론 추억에 잠기고, 한편으론 어떻게 그렇게 몰입될 수 있었는지 조금은 의아해하면서 말입니다. 그런가 하면 그것으로 업을 삼아 잘 먹고 잘살게 된 이들까지 있습니다.

체험. 이 시기의 아이들에게 가장 필요한 것입니다. 이제 생각이 꽃을 피우기 시작했으므로 그 생각의 재료를 풍부하게 해주는 것이 매우 중요해졌습니다. 그것이 책이나 음악, 미술 작품 혹은 콘서트 같은 간접 경험이어도 좋고, 직접 글을 쓰고 악기를 배우고 운동을 배우고 그림을 그리는 직접 경험이어도 좋습니다. 봉사활동을 다니거나 여행을 자주 하는 것도 매우 유익합니다. 사람 사는 세상이 얼마나 다양하고 넓은지를 알게 하는 데에 그것만큼 좋은 것도 없습니다. 그런 과정을 통해 아이들은 철이 들기 시작합니다.

친구들과 자주 어울리고 친구 집에 가서 자고 오는 행동을 하기 시작하는 것도 철이 들어가는 증좌 중 하나입니다. 이제 슬슬 부모 곁을 떠나는 연습을 하는 것이죠. 엄마에게는 아이와 대화하고 함께 밥 먹고 하는 일이 언제나 행복한 일이겠지만 아이에게는 이제 매우 자주 언제나 똑같고 재미없고 괜히 잔소리나 걱정만 듣는 일이기도 합니다. 엄마들이야 섭섭하겠지만 그 나이 때에도 집에 일찍 와서 엄마와 밥 먹고 산책하고 함께 TV드라마 보는 아이가 있다면 그게 더 걱정할 일입니다.

정상적으로 잘 크고 있는 중학생의 특징은 생각이 많고, 꿈이 자주 바뀌며, 게임이든 운동이든 독서든 간에 딱히 생산적이지 못한 무언가에 빠져 있다는 것입니다. 그렇다면 그는 앞으로 다가올 고등학교 시절에 대한 준비를 아주 잘하고 있는 셈입니다.

그렇게 세상과 충실히 그리고 충분하게 만나야 자아도 잘 형성이 되고, 그래야 성인이 되기 전 마지막 시대를 담담히 맞이할 수 있게 됩니다.

그래서 이때 한 가지 중요한 결정을 내려야 합니다. 인문계 고등학교를 갈 것인가 비인문계(실업계 고등학교, 마이스터 고등학교, 특성화 고등학교 등)를 갈 것인가에 대한 것 말입니다. 지금 현재 우리나라엔 예전 부모 세대의 학창 시절과는 달리 쓸 만한 비인문계 고등학교가 꽤 많이 설립되어 있습니다. 아이가 공부 쪽은 아닌데 뭔가 배우고 싶어 하는 기술이 있다면 무조건 비인문계 고등학교를 보내는 것이 정답입니다. 그런 아이들은 인문계 고등학교를 가면 거의 십중팔구 공부 진도를 못 따라가게 되고 또 선생들은 그런 아이들을 돌봐줄 마음의 여유가 없어 자칫 고등학교 3년을 그냥 날려버릴 가능성이 몹시 크기 때문입니다.

인생의 본격적 시작은 고등학교 때부터!

잘 큰 고등학생들은 일단 낭만적입니다. 시와 소설을 좋아하거나 음악, 미술을 탐닉하거나 연극이나 영화를 즐깁니다. 그들은 또한 사색적이기도 합니다. 뭔가에 대해 골똘히 생각에 빠져 있거나 열심히 어떤 문제에 대한 해결에 천착해 들어가기도 합니다. 그런 가 하면 드디어 뭔가 하나 찾아낸 아이들도 있습니다. "난 이것을 하며 살 거다"라고 선언을 하죠. 그런 경우 그 무엇은 몹시 구체적입니다. 단순히 화가, 교사, 법관, 의사 등등으로 표현하지 않는다는 것이죠.

"나는 점자로 그림을 그리는 화가가 될 거야. 그래서 앞을 못 보는 사람들도 그림을 즐길 수 있게 할 거야."

"나는 중학교 선생님이 될 거야. 아이들에게 어떻게 하면 사춘기를 잘 넘길 수 있는지를 자세하고 친절하게 잘 가르쳐주는……."

"소외된 사람들에게 싸게 법률 서비스를 제공하는 공익 변호사가 될 거예요. 오바마 대통령처럼요."

"'국경 없는 의사회'의 일원이 되어서 전 세계의 불쌍한 사람들의 병을 고쳐줄 예정입니다."

이와 같이 결연하게 말을 하게 됩니다. 그런 아이들은 그 결의에 찬 태도에 걸맞게 자신들의 목표에 합당한 행위를 이미 시작합니다. 자료를 모으고 미리 배워야 할 것을 배우기 시작하고, 필요한 스펙이 있으면 자발적으로 공부를 가열차게 합니다. 진정한 인생이 출범하는 것입니다.

아직 낭만과 사색에 빠져 있는 아이들 역시 그렇게 인생의 첫 단추를 꿴 것입니다. 다만 그것이 구체적으로 무엇이 될지는 아이들도 모릅니다. 뭔가 그럴듯한 꿈으로 혹은 계획으로 드러나는 순간이 오면 그때의 모습 역시 매우 구체적입니다.

예·체능 쪽은 대개 어릴 때부터 쭉 해오던 것이 있어서 앞으로도 계속할 것인가를 정하는 일이 될 것이고, 문학 쪽이 이때 새롭게 등장합니다. 판타지소설 작가가 되겠다거나 시나리오 작가, 방송 작가가 되어 걸작 드라마, 영화를 남기겠다거나 하는 식으로 말이지요. 실제로 많은 아이들이 당장 글 쓰는 작업에 들어가기도 합니다. 그러다가 종종 아예 작품 속 배우가 되겠다는 아이들도 나오게 됩니다.

물론 이도 저도 아닌 수많은 아이들이 있는 게 현실입니다. 뭘 해야 할지 정하기는커녕 그냥 아무 생각 없이 하루하루 사는 것으로 그들의 삶이 정의되는 상황인 것이죠. 무엇을 하고 싶은지 물어보아도 신통한 대답을 하지 못하는 그들을 보면서 숱한 엄마들이 가슴을 칩니다. 가만히 보아도 뭘 잘하는 게 없어 그들의 그런 처지가 이해가 안 되는 것도 아닌 게 더 미칠 노릇이죠.

그런데 과연 그 모습들이 그렇게 한심한 걸까요? 엄마들의 눈에 비친 모습만 그런 것일 수도 있지 않나요? 혹시 엄마들이 못 보고 있는 혹은 보고 싶지 않은 어떤 면이 있는 건 아닐까요?

예를 들면 친구들이 정말 많은 아이가 있습니다. 그야말로 인기 폭발인 아이입니다. 친구들이 그를 좋아하는 이유는 고민을 정말 잘 들어주기 때문입니다. 때로는 진지하게, 때로는 함께 고민하면서, 때로는 재미있는 해결책도 제시해가면서 하는 그의 리액션은 가히 예술입니다. 그와 그렇게 이야기하고 나면 대개 큰 문제는 작아지고 작은 문제는 없어지는 신기한 현상도 나타납니다. 이런 아이가 나중에 할 일은 매우 많습니다. 직접적으로는 심리 상담 치료사 같은 것이 될 터이고, 간접적으로는 사회복지사, 보험 설계사, 상담 교사, 고객센터 상담실장 등등 모두 현대 사회에서 꼭 필요로 하는 직업군입니다. 팔자가 받쳐준다면 정치가가 될 가능성도 농후합니다. 기본적으로 사람들을 끌어들이는 힘이 있어 정계에서 영입할 대상이 될 수도 있기 때문입니다.

어떤 아이는 옷을 잘 맞춰 입습니다. 그냥 다들 가지고 있는 아이템인데 묘하게 조합을 해서 매력적으로 보이게 하는 재주가 있는 것이죠. 동대문시장 같은 데를 가서도 그 수많은 옷들 중에 자신에게 맞는 것을 잘도 골라냅니다. 친구들이나 가족들에게 선물을 할 때에도 그 감각이 빛을 발해 취향이 다른 모두를 만족시키는 능력을 발휘합니다. 자, 이런 아이는 인터넷 쇼핑몰을 열어 대박을 칠 수 있습니다. 실제로 고등학생 때 인테넷 몰을 창업해 성공한 사례가 방송에 소개되기도 했죠. 그런 감각과 재주는 가르칠 수 있는 것이 아닙니다. 타고난 것이고 따라서 독보적인 경쟁력입니다. 그걸 살리지 않는 것처럼 바보짓이 없는 것이죠.

프로게이머, 게임 중계 전문가, 먹방의 달인, 웹툰 종결자 등등 이전 시대엔 꿈도 못 꾸었던 다양한 직업들에서 엄마들의 눈에 평범하거나 한심하게 보였을 아이들이 현재 행하고 있는 일들입니다. 시대를 타고 있는 직종이어서 수입도 당연히 상상을 초월합니다. 월 수천만 원을 넘는 수입을 올리는 경우도 비일비재합니다. 수입이 많다고 반드시 좋은 직업은 아니지만, 좋아하는 일을 하다가 보니 사람들로부터 사랑을 받아 돈이 된 경우는 대부분 엄청난 수입이 보장됩니다. 왜냐하면 그 정도 경지에 오른 이들이 많지 않기 때문입니다.

원래 돈이 되지 않는 일이었지만 한 우물만 계속 파다 보니 어느새 그 일로도 많은 돈을 벌고 있더라는 사례 역시 만만찮게 많습니다. 그 역시 같은 원리가 작동하고 있죠. '한 분야에서 대가가 되면 경쟁자가 별로 없다'는 원리 말입니다.

그런 일들의 시작 역시 대개 고등학교 때입니다. 아이들을 내버려두면 그들은 어떤 일을 스스로 시작하게 됩니다. 왜냐하면 그들의 머리 발달 과정이 그렇게 시키기 때문입니다. 자신에 대한 냉철한 분석이 이루어지는 나이이고, 자신의 세상사 여러 가지 부분에 대한 호불호도 명확해지는 나이여서 부모가 터무니없는 고집과 욕망으로 아이를 억누르지만 않으면 아이들은 3년 내내 이것저것 찾아다니고 해보고 고민합니다.

엄마가 할 일은 그저 격려와 칭찬이면 족합니다. 아이가 하려는 일이 허접해 보이거나 가당찮아 보일지라도 비웃거나 폄하해서는 절대 안 됩니다. 세상 모든 일의 시작은 대개 그렇기 때문이기도 하지만, 엄마의 시각이 한 세대 낡아 그렇게 보이는 경우도 매우 많기 때문입니다.

우리나라와 맞지 않는 아이들도 많다

우리나라 교육 환경은 아무리 좋게 봐주려고 해도 나쁩니다. 지나친 비하가 아니라 뭐 하나 제대로 돌아가는 구석이 없습니다. 유아원에서부터 대학원에 이르기까지 컨셉 단계부터 엉망이죠. 개개인의 고유함이 반영된 정교한 설계는 아예 꿈도 못 꾸는 지경입니다. 일방적·전체주의적 커리큘럼과 강제적 전달 방식은 오로지 좋은 성적 올리기에만 맞춰져 있고, 그러다 보니 모든 아이들이 피해를 보고 있습니다. 심지어 공부에 소질이 있는 아이들에게도 그런 환경은 독이라는 이야기입니다.

규모가 엄청난 사교육 시장은 공교육이 방기하고 있는 가치와 역할을 비정상적으로 상업화하여 돈을 버는 곳, 그 이상도 이하도 아닙니다. 부모들은 그들의 현란한 마케팅 '이빨'과 상술에 휘둘려 자기 아이들의 미래에 황칠을 떼돈을 들여가며 하고 있고요.

이쯤 되니 도대체 대한민국의 교육이 무엇을 위해 그리고 누구를 위해 존재하는지 알 길이 막막합니다. 상황이 이러니 우리나라 교육 시스템에 적응하지 못하는 아이들은 중학교 이후부터 거의 인생을 낭비하면서 살게 됩니다.

"그러면 어떻게 해야 하나요? 우리나라에서 살 수밖에 없는데 개개인이 각자 알아서 헤쳐 나가기에는 사회가 그리고 시장이 너무 크고 두렵습니다."

상기한 현실 인식을 공유하게 되면 수많은 엄마들이 하는 대표적인 질문입니다. 그 질문 뒤에 말하지 않은 부분은 이것이죠.

"그래서 그냥 남들이 하는 대로 살아요. 최소한 도태되지는 않아야 하니까……."

우리나라 엄마들의 교육열은 지구상에서 둘째가라면 서러워한다지만 교육에 대한 사고력은 그렇지 않을 것이 분명하단 증거가 바로 저런 생각입니다. 한 아이에 대한 교육이 잘못되었을 때 어떤 손실과 피해를 그 아이가 입을지에 대한 진중한 사고를 할 줄 안다면 절대로 그런 생각을 안 할 것이기 때문입니다.

자, 문제는 이것입니다.

'아이가 자라고 있는 땅 위의 교육이 총체적으로 문제투성이인데, 그럼에도 불구하고 그 아이가 좋은 교육을 받게 할 수 있는 방법은 무엇일까요?'

많은 사람들이 어려운 문제라고 합니다. 우리나라가 수십 년 동안을 해결하려고 했지만 못 하고 있는 것만 보아도 알 수 있는 것 아니냐고도 하지요. 일견 맞는 말입니다. 국가나 사회가 나서서 해결하기에는 어렵습니다. 반면 개인의 입장에서는 그렇지 않을 수도 있다는 것이죠. 이미 그렇게 문제를 해결한 사람이 고사에 나옵니다.

맹자의 모. 맹자의 좋은 교육 환경을 위해 이사를 다니던 바로 그 방법이야말로 대한민국의 21세기 교육문제를 개인적으로 풀 수 있는 최선의 방책입니다. 즉 좋은 교육을 해주는 외국으로 아이를 보내면 됩니다.

이 대목에서 또 많은 엄마들이 말합니다.

"그러고 싶죠. 그런데 외국에서 중고등학교 다니면 비싸잖아요."

한편으론 맞고 또 한편으론 틀린 정보입니다. 일반적으로 유럽으로 가면 거의 싸고, 미국으로 가면 대개 비쌉니다. 미국에서도 공립학교를 다니게 되면 그리 비싸지 않지요. 어쨌든 돈이 문제라고 한다면 적절한 변명으로 들리지는 않습니다. 왜냐하면 그들은 이미 많은 돈을 사교육에 들이붓고 있기 때문입니다. 그들이 비싸서 외국에는 못 보낼 것 같다는 계산을 할 때 그 비용은 제외되어 있습니다. 사교육은 필수라는 생각에서 못 벗어나고 있는 것이죠.

그래서 그 생각을 버리는 순간, 영어유치원, 영어·수학·논술

학원, 영재반, 경시대비반 등등에 갖다 주는 돈을 초등학교 6년 간 안 쓰고 모아 유학 비용을 마련할 수 있습니다. 앞에서 살펴 봤듯이 대개 그런 학원들은 아이들의 자기주도성을 해치고 개개 인의 잠재력과 꿈에 대해 관심이 없으며 오로지 자신들의 돈벌이 를 위해 우리나라 교육을 망치고 있는 곳입니다. 오는 아이 막지 않고, 가는 아이 결사적으로 잡으며, 성적 향상과 일류 학교 진 학을 모든 아이들에게 가능하게 해준다는 거짓말을 대대적으로 광고하는 곳이기 때문입니다. 그런 곳의 단 하루, 몇 시간의 체재 도 아이들에게는 독입니다.

그렇다면 한번 계산을 뽑아볼까요? 우선 통계를 살펴볼 필요 가 있습니다. 통계청이 발표한 자료에 따르면 2013년 기준으로 우 리나라 초등학생 한 명에게 들어가는 한 달 사교육비는 대략 23 만 원 정도입니다. 이 비용은 평균치이므로 아이가 공부에 관심 이 있고 부모가 유학을 생각할 정도로 교육에 열심인 상황을 감 안한 비용으로 바꿀 필요가 있습니다. 그래서 학원 두 개 정도를 보내는 비용으로 환산하면 대략 50만 원 정도가 됩니다. 일 년 열 두 달 동안 600만 원의 자금이 모이죠. 아이의 초등 6년 동안 모 으면 3,600만 원이 됩니다. 아이의 중학교 3년 동안 마찬가지 방 식으로 계속 돈을 모으면 3년 만에 1,800만 원 정도 됩니다. 모두 합쳐서 5,400만 원의 돈이 쌓이는 것이죠. 유학 가 있는 기간에도 여전히 돈을 모을 것이므로 그때는 한 달에 100만 원 정도 모은다고 보면 3년간 3,600만 원의 자금이 추가됩니다. 총 9,000만원이라는 어마어마한 자금이 아이의 고등학교 유학비로 쓰일 수 있게 되는 것입니다. 이 정도 돈이면 미국의 웬만한 고등학교에 유학 보낼 수 있고, 유럽으로 가면 유학생 사이에서 신흥 부자 이야기까지 들을 정도의 금액입니다.

엄마들이 아이들 유학에 대해 고민하는 또 하나의 큰 망설임은 아이가 과연 유학 가서 잘해낼지에 대해 확신이 없어서입니다. 이해가 갑니다. 왜냐하면 우리나라 아이들은 대개 독립성이 많이 모자라기 때문입니다. 이 부분은 사실 부모들이 자초한 결과입니다. 어릴 때부터 고등학생이 다 될 때까지 뭔가 결정해야 할 부분을 모두 부모가 처리했다면 당연히 그들의 아이들은 독립성이 현저하게 낮습니다. 게다가 우리나라 학교나 학원에서 하는 수업 방식은 거의 백 퍼센트 주입식입니다. 아이들이 많이 이용하는 인강은 그 정도가 더욱 심하죠. 그러니 아이들이 스스로 분석하고 생각하여 결정하는 행동 패턴을 연습한 기억이 없습니다.

그러나 이런 모습은 다행스럽게도 쉽게 고칠 수 있습니다. 누구나 일 년 정도만 홀로서기 훈련에 들어가면 사라졌던 독립성을 상당 부분 복구할 수 있습니다. 아이들은 여전히 어리니까요.

아이들이 현재 초등학교 1, 2학년이라면 아무 걱정 하지 말고 위에서 살펴본 것처럼 하면 됩니다. 학원 다 중단하고 그 돈을 저축하면 됩니다. 딱 하나 해야 할 일은 진짜 영어 실력을 키워주는 것입니다. 문법을 공부하고 단어를 외우는 게 아닌 유학 가서 진정으로 쓸 수 있는 영어 실력을 갖추고 가야 현지에서 언어의 장벽 때문에 좌절하거나 포기하는 일이 생기지 않습니다.

그리고 아이들이 스스로 결정하고 행동하는 훈련을 적극적으로 시켜야 합니다. 간단한 심부름부터 시작해서 무엇을 배울 것인가 말 것인가 등등에 이르기까지 늘 자신이 할 일을 자신이 생각하고 결정하는 훈련을 하도록 하면 중학생 나이에 이르러 홀로 유학할 만한 성숙도 갖출 수 있습니다.

떠날 수 없다면 학교를 그만두어라

사실 유학 보내는 게 그리 간단하지는 않습니다. 아이가 싫다고 할 수도 있고, 돈을 그렇게 모으지 못할 수도 있지요. 부모가 도저히 마음이 놓이지 않을 수도 있고, 집안의 가훈이 '늘 함께 살자'여서 결단을 못 할 수도 있습니다. 그렇다고 우리나라 학교가 어떤 상태인지 다 알면서도 아이를 그냥 다니게 하는 것은 부모로서의 중차대한 임무, 즉 아이에게 제대로 된 교육 환경을 제공해야 하는 일을 방기하는 것입니다. 뭔가 대책이 필요합니다. 이 문제 역시 사실 해결책은 간단합니다. 그곳에 보내지 않으면 됩니다. 그렇게 되면 일단 그 환경으로부터 받게 될 피해는 최소한 막을 수 있습니다.

많은 이들이 아마도 아이가 학교를 그만두는 것을 고민해보았을 겁니다. 그런데 그때마다 주변으로부터 공통적으로 들은 이야기가 이런 것일 겁니다.

"교우 관계가 중요하니까 그러면 안 돼."

"학연이 얼마나 중요한데……."

"그래도 어딘가에 소속되어 있어야 그나마 기본이라도 하지."

과연 그럴까요?

먼저 교우 관계나 학연에 대해서 알아볼까요? 그게 그렇게 중요하다면 중고등학교 때 인연 덕에 성공했다는 말이 흔히 들려야 합니다. 좀 더 대놓고 말하자면 원래 실력은 안 되는데 학연에 힘입어 실력이 더 좋은 사람을 제쳤다거나 여러 가지 상황으로 보아 장사가 잘될 곳이 아닌데 좋은 학교를 나와서 가게가 잘되고 있다거나 하는 등의 이야기 말입니다.

특정 고등학교 출신들이 압도적으로 많은 직업군이 있기는 하지만, 거기에 속하기 위해서 쳐야 하는 시험은 출신교를 가리지 않고 무조건 성적대로 합격, 불합격을 가리므로 이 경우에 해당되지 않죠. 그 학교 출신이 아닌데 시험에 합격하여 거기에 속하게 되었다면 나중에 학연 때문에 승진에 손해를 볼 가능성이 더 큽니다. 그리고 그런 학교에 갈 실력이 있는 아이들은 학교를 그만두면 오히려 손해인 아이들이니 역시 이 경우가 아닙니다. 즉 학교가 맞지 않는 아이들이 가게 될 학교는 어차피 학연의 힘이라고 할 것도 없는 학교인 것입니다.

어딘가에 소속되어 있어야 기본은 할 것이라는 믿음 역시 별 근거 없는 이야기입니다. 이 말이 타당성을 갖추려면 학교에 가기만 하면 아이들이 뭔가를 얻어 올 수 있는 기본적인 시스템이 존재한다는 전제가 성립되어야 합니다. 그렇지만 잘 알다시피 그런 것은 없죠. 일반 고등학교의 경우(이 책에서 다루는 아이들 대부분이 다니는) 수업시간에 삼분의 일은 자고, 삼분의 일은 딴짓을 하며 나머지 삼분의 일만 수업에 참여한다고 합니다. 삼분의 이에 달하는 아이들에게는 날 밝은 시간의 거의 대부분 잠을 자거나 멍을 때리거나 스마트폰을 가지고 노는 데에 쓰고 있는 게 소속되어 있음으로 해서 얻는 기본인데 굳이 그래야 할까요? 그 시간에 각자 자유롭게 하고 싶은 일을 하거나 놀거나 돈을 버는 게 훨씬 아이들의 미래에 도움이 되지 않을까요?

'어찌 됐든 간에 학교를 다니면서 이런저런 갈등도 극복하고 하기 싫은 공부도 참고 열심히 하는 그런 경험을 통해 성장'을 하므로, 그리고 '아무리 학교가 엉망이어도 좋은 선생을 만날 수도 있고, 평생의 친구를 사귈 수도 있는 등'의 순기능도 있으므로 학교를 떠나는 것은 모험이라고 주장하는 이들이 언급하지 않는 것이 있습니다. 학교를 다님으로 해서 보게 되는 손해와 피해 그리고 놓치게 되는 기회에 대해 모르는 척하는 것 말입니다.

학교에서 건질 게 별로 없는 아이들이 학교가 아닌 다른 곳에서 알차게 시간을 보내게 되면 얻을 수 있는 모든 것에 대해 그들은 사실 잘 모릅니다. 그들의 머릿속에는 학교를 떠난 아이들의 그림이 단 하나밖에 없습니다. 즉 뭔가를 잘못하여 퇴학당한 아이들이거나 학교가 싫어서 아무런 계획도 없이 때려치운 아이들. 그래서 그들에게 학교를 다니지 않는다는 것은 그야말로 인생에서 낙오된 것입니다. 자신의 아이가 그런 쪽에 속한다는 것은 상상도 못 할 일이 됩니다. 학교에 가서 지내는 시간 대부분을 비몽사몽 상태로 보내는 것이 낙오된 상태보다 오히려 더 나쁠 수도 있다는 것을 모르는 것이죠.

학교를 떠났는데 공부가 좋은 아이들은 홈스쿨링이 적절한 대안입니다. 이런 아이들은 대개 공부를 어떻게 하는지에 대해 아주 잘 알고 있기 때문에 학교를 가지 않게 되면 바로 자신에게 최적의 공부 계획서를 작성합니다. 부모가 할 일은 그 계획이 너무 무리가 아닌지, 더 좋은 아이디어는 없는지에 대해 약간의 조언 정도를 주는 것으로 족합니다. 그렇게 되면 자신의 공부 능력에 따라 진도를 나가게 되어 일반적인 교과과정보다 짧은 기간에 정규과정을 마칠 수 있게 됩니다. 중학교 3년을 1, 2년 만에 마치고 고입 검정고시를 패스한 다음 다시 고등학교 과정을 1, 2년 정도에 마치고 대입 검정고시를 패스하여 빠르면 3년 정도 만에 중고등학교 과정을 모두 끝내게 됩니다.

15세나 16세에 대학을 갈 수 있는 자격을 얻었다고 바로 대학 진학을 할 필요는 없습니다. 요즘 대학 입시의 추세가 수시 전형의 확대인 만큼 향후 2, 3년 정도를 깊이 있는 독서와 여행, 봉사 활동을 하고 배우고 싶은 운동이나 취미, 악기 같은 것을 열정적으로 하는 기회를 누리는 게 좋습니다. 그러고 나면 동년배들과 같은 나이로 대입에 도전할 때 감히 대적할 수 없는 경쟁력을 갖게 됩니다. 공부를 잘하는 데다가 다룰 줄 아는 악기가 한두 개, 할 줄 아는 스포츠가 한두 개, 읽은 책은 철학서에서부터 소설, 에세이에 이르기까지 수백 권, 풍부한 여행 경험과 다양한 사회 봉사 활동 그리고 알바 경력까지 갖춘 아이를 어느 대학이 뽑지 않을까요?

대학교는 안 가도 된다

지금 아이가 대학교를 가려고 하는데 첫 고민이 만약에 '어느 대학을 갈 것이냐'라면 그 아이는 대학을 갈 필요가 없습니다. 만약에 그 고민이 'in Seoul이냐, 아니냐'라면 그 아이는 명명백백히 대학을 안 가도 됩니다. 아니, 좀 더 정확하게 말하자면 그 아이는 대학을 가지 말아야 삽니다. 왜냐하면 그 아이에게 대학은 자신의 미래를 위해 가는 곳이 아니라 엄마의 자존심을 지켜주기 위해 가는 곳이기 때문입니다.

또 어떤 아이가 대학교를 가려고 하는데, 첫 고민이 '수시로 갈 것이냐, 정시로 갈 것이냐'라면 그 아이 역시 굳이 대학교에 가지 않아도 됩니다. 수시로 갈 건데 '논술로 갈 것이냐, 학생부 종합으로 갈 것이냐, 학생부 교과 전형으로 갈 것이냐'를 고민하고 있다면 그런 아이 역시 대학교를 필히 가지 않아도 됩니다. 왜냐하면 그 아이는 대학교에 가서 학문을 접수하고 나아가 이어 발전시킬 역량이 모자랄 게 분명하기 때문입니다.

그리고 행여 어떤 아이가 '난 꼭 SKY에 갈 거야'라고 고집한다면 그 아이 역시도 대학에 맞지 않는 아이입니다. 설사 그 성취 동기에 힘입어 SKY 중 한 곳에 진학했다고 하여도 그 아이에게 대학 공부는 사치가 될 것입니다. 왜냐하면 그 아이에게 대학 진학은 대학의 이름을 자신의 이름에 앞세워 살 목적으로 하는 일이기 때문입니다.

그럼 어떤 아이들이 대학교에 갈 아이들일까요? 그들이 대학을 고르는 모양을 보면 이 질문에 대한 답의 단초가 보입니다. 일단 그들은 학과를 먼저 이야기합니다. 그다음에 교수를 언급합니다. 마지막으로 그런 학과에 그 교수가 있는 대학교의 이름이 나오죠. 그게 제대로 된 대학 선택의 순서입니다. 그러니까 입시 전문 학원들이 행하는 각종 대입 설명회에 가서 이 대학 저 대학 입시 요강에 대한 안내를 심각한 표정으로 들으며 앉아 있는 아이들은 행선지나 목적도 없이 기차를 탈지 비행기를 탈지에 대한 설명을 듣고 있는 꼴이라고 할 수 있죠. 아이들 대신 엄마들이 앉아 있는 경우는 그런 점에서 그야말로 어이상실입니다.

대학교에 갈 아이들의 또 하나 결정적인 특징은 대학교 선택을 하는 의사 결정의 주인공이 자신이라는 것입니다. 부모가 도와주기도 하고 조언을 하기도 하지만 최종 결정은 본인이 내린다는 것인데, 그럴 수밖에 없는 것이 그 과정이 이미 고 1이나 고 2 때 혹은 그 이전에 시작된 것인 경우가 대부분이기 때문입니다.

즉 그들은 이미 자신의 진로에 대해 꽤 논리적인 사고를 할 줄 압니다. 그 사고를 바탕으로 자신의 능력과 꿈을 대비시키고 그것을 잘 버무려 키워줄 수 있는 석학들을 알아본 다음, 그들을 만날 수 있는 국내·국외 대학들을 총망라한 뒤 부모를 포함한 자신의 인적·물적 지원 환경을 분석한 결과까지 종합하여 서너 개의 희망 대학을 골라냅니다. 이런 방식으로 대학을 고르지 못하는 아이들은 사실 대학 선정의 문제 이전의 문제가 있다고 볼 수 있습니다.

바로 '분석적 사고의 결여'입니다. 대학 학문 수수에 결정적으로 필요한 능력이 없는 것이죠. 냉정하게 말하자면 사실 그런 능력 보유자는 그리 많지 않습니다. 인간 세상이 돌아가는 원리 구조로 보아 그게 정상이기도 합니다. 그래서 고등학교 졸업생 대다수가 대학 진학을 하는 우리나라에서는 그중 대부분 분석적 사고 능력이 없는 아이들에게 맞춘 대형 입시 설명회가 필요하고, 그들 중 상당수는 자발적 학습 능력이 원래 없어서 그들에게 주입식 학업 서비스를 제공하는 어마어마한 규모의 사교육 시장이 생겨났던 것이죠. 그러므로 단언컨대 학원을 다니는 시간이 학교 외 공부 시간의 대부분을 차지하는 대다수 학생들은 대학교에 갈 필요가 없습니다.

대학교를 갈 것인가 말 것인가를 결정하는 것은 무엇보다 아이의 개인적인 특징이나 의지입니다. 아이가 지적 호기심이 많아 학문을 하고 싶어 한다면 당연히 대학이라는 최고 학부에 가는 게 맞습니다. 왜냐하면 대학의 존재 이유가 수백 년 전부터 학문의 창달이기 때문입니다. 아이가 무언가 되고 싶거나 하고 싶은 게 있는데 그것을 가르쳐주거나 훈련시켜주는 곳이 대학 외에 없다면 그 아이 역시 대학에 가는 게 맞습니다.

그 밖의 모든 다른 이유로는 대학에 안 가는 게 더 맞습니다. 예를 들면 '대학을 나와야 시집, 장가를 제대로 가기' 때문이라면 안 가도 됩니다. 대학을 나오는 것과 결혼은 별 상관이 없기 때문입니다. 대학을 나왔어도 결혼을 안 하거나 못 하는 사람이 부지기수인 것만 봐도 알 수 있고, 어떤 사람이 대학 졸업장이 없어서 결혼이 안 되겠다고 한다면 그런 인간 혹은 그런 인간의 집안과는 안 엮이는 것이 인생 전반에 걸쳐 훨씬 이득입니다.

'대학을 나와야 제대로 된 직장이라도 잡기' 위해서라면 역시 굳이 대학을 안 가도 됩니다. 대졸자 중 특히 4년제 졸업자 중 이력서 수십 장 쓰고도 취업이 안 돼 실의에 빠져 사는 사람들은 엄청나게 많습니다. 오히려 고졸이나 전문대 졸업생들의 취업률이 훨씬 높습니다. 심지어 어떤 직장엔 고졸이라야 합격 가능성이 높은데 연봉은 웬만한 대졸 초임보다 월등히 많습니다(2014년

10월 22일, YTN 인터넷판 뉴스에 따르면 고졸로 최종학력을 세탁하고 대기업 생산직에 지원하는 사람들이 늘고 있으며, 전문대인 군산대 로봇공학과의 취업률이 무려 85%를 기록했고, 반면 서울대 영문과는 44%에 그쳤다고 보도).

'엄마, 아빠의 자존심을 지켜주기' 위해서거나 '집안의 명예를 지키기' 위해서라면 아무 신경도 쓰지 말고 그냥 안 가면 됩니다. 나중에 잘사는 모습을 보여주면 '소신껏 대학엘 안 간 것'이라느니, '이렇게 성공할 줄 알고 안 보냈느니' 하면서 고졸임을 매우 자랑스러워해줄 것이니까요.

우리나라에서 고졸로 살아갈 수 있겠냐고 묻는 사람들이 많습니다. 어쩌면 거의 대부분 사람들의 마음이 그러할 것 같습니다. 그러면 이 대목에서 고졸로 살 수 없다고 생각하여 이름 없는 대학에라도 들어가 졸업하면 어떻게 되는지 따져볼 필요가 있겠습니다.

우선 대학 4년 내내 열등감에 사로잡혀 살 것은 명약관화합니다. 누군가가 어느 대학을 다니느냐고 물어보면(우리나라 사람들의 신상 파악 병의 단골 주제죠) "알 것 없다"고 하거나 그냥 지잡대라고 말하게 되는 아이들의 심정은 창피함과 낭패감 그리고 자기모멸로 가득 차 있을 겁니다. 게다가 그들의 부모들조차도 자식들의 대학을 떳떳하게 말하지 않으려는 모습을 보입니다. 이런 상황이니 학교에 가는 것 자체를 등한시합니다. 물론 출결은 대개 학교에서 알아서 보정해주죠. 그런 대학은 대개 등록금 의존도가 매우 높아서 어떻게든 한 명의 등록금 수입이라도 놓치려고 하지 않으니까요. 그렇게 불성실하게 다녀도 졸업이 되는 대학이라는 자체가 또다시 자기모멸로 돌아오기도 하죠.

어쨌든 그렇게 졸업을 하고 나서 그 졸업장을 들고 취업 전선에 뛰어드는데, 대개 학교 이름 때문에 서류 전형에서 낙방합니다. 그런 대학엘 들어가기는 했지만 심기일전하여 4년간 나름대로 열심히 공부하고 스펙을 쌓은 일부 아이들에게는 정말 억울하기 짝이 없는 상황이 벌어지는 겁니다. 그리하여 눈높이도 낮추고 인맥도 좀 동원하여 면접 기회라도 잡으면 면접관에게서 결국 아래와 같은 질문들을 받고 맙니다.

"이 대학은 어디에 있나요?"

"고등학교 때 공부에 관심이 별로 없었나 봐요?"

"우리 회사에 들어와서 성실하게 일할 것이라는 걸 어떻게 믿을 수 있죠?"

결국 이름 없는 대학을 나온 별 볼 일 없는 청춘이라는 낙인만 찍힌 셈 아닌가요?

일류대를 나오긴 했지만 결국 대학엘 가는 게 아니었던 경우 역시 차고 넘칩니다. 사회에 나와서 일자리를 여기저기 구하긴 했지만 다 그만두고 방황 중인 청춘들 역시 어쩌면 고등학교 졸업으로 공부의 길은 마감하는 게 옳았을 것 같다는 생각이 듭니다. 그때부터 열심히 3, 4년 자신의 인생 길 찾기에 나섰다면 아마도 20대 중반쯤에는 뭔가 실마리를 잡았을 가능성이 큽니다.

대학 4년 동안의 세월이 헛것이 되고 그 후 다시 4, 5년 길 찾기에 나서다 보면 순식간에 나이는 서른을 돌파하고, 마음은 다시 초조해지고 그리고 더 이상 부모에게 손 내밀기도 민망하게 되어 일단 취직이란 걸 다시 하고 나면 대학 졸업 후 들어간 직장에서 그냥 버틴 것만도 못한 꼴로 살게 되기 십상이죠. 이렇게 되면 오래 버티기 어렵습니다. 자기모멸감이나 자기 연민에 몸과 맘이 상하는 것은 불문가지죠.

제대로 인생 살기 위해서는 대학이란 곳을 안 가는 게 훨씬 나을 수도 있다는 것이 우리나라 현실에서 사람들 대부분이 살아가고 있는 모습에 더 부합됩니다.

사회에는 대졸자가 아닌 쓸 만한 사람이 필요하다

만약 대다수 사람들이 고졸로 취업을 하면 어떻게 될까요? 직장에서 일이 제대로 안 돌아갈까요? 일단 이 질문을 현재 직장 초년생들에게 던져보면 이런 답이 돌아옵니다.

"사실, 제가 지금 하고 있는 일에 딱히 대졸 학력이 필요하다는 생각은 안 들어요."

기업에서도 비슷한 이야기를 하고 있지요.

"신입사원들 쓸 만하게 만드는 데 3년 정도 걸렸는데, 요즘은 그 정도로 안 되는 애들도 많아요."

이런 이야기가 소위 일류 기업에서부터 작은 중소기업에 이르기까지 공통적으로 회자되고 있다는 게 대한민국의 아주 오랜 현실입니다. 교육과 현장의 괴리가 매우 크다는 이야기인데, 원래 대학 교육이 직업 교육이 아닌 이상, 그것이 크다고 해서 큰 문제라고 할 수는 없습니다. 우리나라에서 그것이 문제가 되는 것은 대학 교육이 본연의 모습을 상실한 상태이기 때문입니다.

우리나라 아이들이 대학에 가고자 하는 가장 큰 이유는 좋은 곳에 취직하기 위함입니다. 그 학문이 좋아서 계속 정진하고 싶어서 간 경우는 손에 꼽을 정도로 적죠. 그러다 보니 대학 교육도 취업률 높이기에 맞춰져 있게 됩니다. 대학 광고 역시 '우리 대학을 나오면 숱한 기업이 원하는 인재가 되어 취직 걱정 안 해도 된다'는 컨셉을 메인 테마로 삼습니다. 그렇다면 대학교에서 기업이 원하는 기능이나 기술 혹은 업무 능력을 키워주고 있다는 식으로 해석이 가능하고, 실제로도 숱한 지식인들이 취업 준비의 장으로 전락한 대학 교육을 비판하기도 했지요.

자, 그런데 그럼에도 불구하고 기업은 그런 아이들을 뽑아서 고졸 정도의 학력으로도 충분히 할 수 있는 일을 3, 4년가량 시키면서 재교육을 하여 비로소 제대로 활용하게 되는 것이니 도대체 대학교에선 무엇을 가르치고 있는 걸까요?

그런 일이 벌어지는 이유는 아주 단순합니다. 대학이 기업보다 무엇을 하든 느린 우리나라 대학 교육 환경에 있습니다. 쉽게 말해서 기업이 최신 CPU가 달린 컴퓨터를 쓸 때 대학교는 5, 6년도 더 된 구닥다리 컴퓨터를 쓴다는 이야기입니다. 최신 기술의 습득을 위해 기업이 자신의 연구원들을 국제 전자쇼, 자동차 박람회에 파견할 때 대학 교수들은 자신의 연구실에서 2, 3년 전(심한 경우는 십수 년 전) 기술에 관한 원서 해독에 빠져 있습니다. 원서 자체가 올드한 데다가 그걸 번역으로 읽고 있으니 이만저만 느린 게 아닙니다.

뒷북치는 환경만 문제가 아닙니다. 유연성 면에서도 역시 기업에 상대가 되질 않죠. 기업은 시장의 변화를 제대로 따라가지 못하면 순식간에 도태되기 때문에 변신에 때로는 목숨까지 겁니다. 반면 대학교는 한 번 변신하는 데 숱한 세월이 걸립니다. 학과 간의 알력도 생기고, 교수들의 밥그릇 싸움이기도 해서 웬만해선 변하지 않습니다. 사회는 그리고 기업은 전방위적으로 다양해지는데 대학은 동작의 굼뜨기가 굼벵이 저리 가라 할 정도입니다.

어쨌거나 기업이 그리고 사회가 원하는 인재를 대학이 길러내지 못한다는 것은 거의 정설에 가깝습니다. 그러면 어떤 사람을 사회가 그리고 기업이 원할까요? 이 질문에 대한 답을 찾기 위해서는 어떤 사람들이 숱한 시간이 지난 뒤에도 직장에서 살아남아 있는지를 봐야 합니다. 언론이나 전문가들은 주요 대기업 CEO들의 학벌에 관한 통계 자료나 관리자급 이상의 스펙 자료 혹은 인사 담당자들의 의견 등을 주로 참조하지만, 사실 답은 매우 간단합니다. 그리고 아마도 누구나 동의하는 답이기도 하죠. 그것은 바로 '일머리가 좋은 사람'입니다. 소위 말하는 '일당백'의 능력이 있는 자들이죠.

그들의 정체는 과연 무엇일까요? 여러 가지 상상이 가능합니다. 일반적으로는 이렇게 생각합니다. 일류대를 나와서 일단 기본적인 머리가 있고, 눈치도 빨라서 상사의 지시를 척하면 삼천리로 알아들으며, 게다가 아부의 포인트를 잘 잡아서 능력 이상으로 인정도 받는 인간형! 상당히 그럴듯한 모습이지만 현실과는 매우 많이 다릅니다. 실제로는 그런 인간형은 대개 일찍 회사를 떠납니다. 왜냐하면 한 회사에 진득하게 눌러 있기에는 재주가 너무 많기 때문입니다.

그렇다면 조금 덜 똑똑해도 부지런하고 상사 말 잘 듣고 시킨 일 성실히 수행하는 사람들이 그런 사람들일까요? 언뜻 그럴듯해 보입니다. 그들은 무엇보다 회사를 사랑하는 마음이 깊습니다. 회사에서 조금은 어렵거나 곤란한 부탁을 해도 흔쾌히 받아주는 사람들이기도 합니다. 주말에 나와서 일하거나 본인의 업무가 아닌 업무가 가끔 날아와도 잘 참습니다. 그러나 회사는 그들을 그리 오래 데리고 있지 않죠. 왜냐하면 그냥 성실하고 착하기만 하기 때문입니다. 뭔가 중요하고 결정적인 순간에 필요한 사람은 아니라는 이야기죠. 함께 프로젝트를 기획하고 추진하고 마무리하는 주요 프로세스에서 그들은 대개 제외되어 있습니다. IMF 사태와 같은 위기가 찾아와 구조조정을 할라치면 가장 먼저 잘리는 쪽에 가 있습니다. 회사를 사랑하므로 회사의 곤경을 조금이라도 더 덜어주려고 스스로 나가는 쪽에 서기도 하지만, 대개는 착하기 때문에 당하는 것이죠.

'일머리가 좋은 사람'은 고유의 특성이 있습니다. 우선 분석력이 뛰어납니다. 그래서 일을 하나 주면 그 일의 성격 분석을 탁월하게 수행합니다. 처음과 끝 그리고 완성도의 수준을 정확히 알아내는 능력입니다. 그러고 나면 조직력을 발휘합니다. 필요한 재료와 인물들을 잘 가려내고 분류하여 그 일을 수행하기에 최적의 조직을 짜죠. 그다음엔 실행 능력이 수준급입니다. 자신이 맡은 일의 결과에 대해 자부심을 가질 만큼의 실력과 완성도를 보유하고 있습니다. 결정적인 것은 이 모든 능력을 학교에서 그리고 사회에서 혹은 회사에서 스스로 그리고 적극적으로 섭취하고 습득했다는 것입니다.

이런 사람들은 한 회사에 오래 있게 됩니다. 일단 그 수가 많지 않아서 어떤 회사든 쉽게 놓아주려 하지 않고, 당연히 승진도 빨라서 굳이 그 회사를 떠날 이유가 생기지 않습니다. 주요 프로젝트에 자주 참여하면서 능력과 경력은 기하급수적으로 화려해지고, 또 그만큼 보석 같은 인재로 변해갑니다. 혹여 그 회사를 떠나게 된다 하더라도, 대개 그 연유가 스카우트 경쟁의 결과이거나 그들을 보다 더 원하는 자본이나 권력의 우위에 따른 것입니다. 독자적으로 이룬 진정한 실력. 이것이 관건인 것입니다.

자, 그럼 그렇게 되도록 어떻게 키워야 하죠? 간단합니다.

아이가 관심을 보일 때 적극적으로 밀어주기.

아이가 아무런 생각이 없어 보일 때 조용히 있어주기.

아이가 스스로 알아서 하겠다고 할 때 과감히 놓아주기.

이 세 가지면 됩니다. 그리고 나머지는 부모가 자식에게 기본적으로 주어야 할 사랑과 배려만 있으면 만사형통입니다.

그 정도로 되냐고요? 그러나 그런 평범함이 비범함의 산실이 됩니다.

대한민국 교육 매력적으로 바꾸기

이 장은 우리나라 교육 관계자들에게 몹시 하고 싶은 말을 담았습니다. 우리나라처럼 국가가 아이들 교육에 거의 전권을 행사하는 나라에서 정작 엄마들이 그리고 아이들이 알아서 교육 관련 문제를 풀어나가야 하는 지금의 상황은 사실 기가 막힌 일입니다. 문제의 크기나 심각성으로 보아서는 관련 고위 전·현직 공무원들을 업무 태만 및 방해죄, 더 나아가서는 국기 문란, 국가 모독죄(우리나라 교육의 실상이 종종 외국에서 웃음거리로 등장함)로 걸어 모두 탄핵해도 성이 안 풀려 그들에게 천문학적인 징벌적 손해배상을 물리고 싶을 지경입니다. 그래도 그 전에 혹시라도 그들이 모르고 있을지도 모르므로 어떻게 하면 우리나라 교육 문제를 근본적으로 해결할 수 있는지를 알려주기로 했습니다.

혹자는 이렇게 말할 것입니다. 꿈같은 이야기라고. 또 누군가는 그러겠지요. 우리나라에선 실현 불가능하다고. 그런 말이 합당하려면 정말 아무도 그렇게 하지 않고 있거나 적어도 우리나라에선 찾을 수 없는 모습이어야 합니다. 그러나 틀렸습니다. 유럽 대부분 선진국에선 이미 오래전부터 구현하고 있는 제도이며 우리나라에서도 몇몇 대안학교와 사립학교에서 부분적으로 시행하고 있습니다.

마지막 부분에 엄마들에 대한 대책이 나옵니다. 솔직히 말하건대, 살짝 풍자를 곁들였습니다. 기분 나쁠 수도 있다고 생각합니다. 하지만 그 정도 아니면 교육 제도와 시스템이 어떻게 바뀌어도 우리나라 교육은 부활할 수 없습니다. 결국 마지막 키는 엄마들이 쥐고 있습니다. 누가 뭐래든 제도가 어떻든 간에 그들이 저마다 그들의 아이를 처음 만났을 때 마음으로 돌아간다면 우리나라 교육 문제 시나브로 풀립니다.

공부 시키는 유치원은 허가를 취소한다

아이가 초등학교에 입학을 했는데, 이런! 한글 자모를 가르칩니다. 이미 글자도 다 떼고, 동화책도 수십 권 읽었는데……. 게다가 말하는 법을 또 가르칩니다. 애가 밤마다 하는 일이 수다 떨다 자는 건데……. 그래서 참다못해 항의가 들어갑니다.

"아니, 아이들 수준을 알고 커리큘럼을 짜야지. 이건 뭐 애들을 바보 취급하는 것도 아니고……."

교장 선생이 이렇게 질문합니다.

"아이들은 뭐라고 하던가요?"

그제야 엄마들은 그런 수업을 받고 있는 아이에게는 어떤지 물어보지 않았다는 자각을 합니다. 가만히 생각해보니 오히려 재미있다고 한 것 같습니다. 물론 "학교 어때?"라는 포괄적 질문에 대해서였지만.

자, 그렇게 초등학교에 들어가서 아이들이 이미 배웠건 안 배웠건 간에 한글부터 시작한다면 엄마들의 조기교육 욕심은 순식간에 시들 것입니다. 그런데 그게 그렇게 쉽게 정착이 될까요? 엄마들은 여전히 초등학교 취학 전 공부에 대한 미련을 못 떨치지 않을까요? 방법이 있습니다.

일단 유치원을 마칠 때까지 지적 성장을 위한 어떠한 과정도 넣지 못하도록 법으로 금지하여야 합니다. 어기면 당연히 인허가 취소 정도의 중벌이 가해져야지요. 그래도 몰래 하는 유치원을 고발하면 포상금이 장난 아니게 많아야 하고요. 그래서 '유파라치' 같은 직업도 생길 정도가 되어야죠. 그렇게 철저히 유치원과 공부를 단절시키면 아마 취학 전 학습지 같은 것이 풍선효과로 완전히 뜨는 현상이 생길 것입니다.

그러거나 말거나 정부는 그리고 각급 지자체는 영유아 교육의 기본에 대해 모든 수단을 동원하여 부모들을 이해시키는 작업을 합니다. 물론 이미 나와 있는 교육학계의 연구 결과를 잘 활용하여 그 시기에 공부를 시키면 어떤 끔찍한 결과가 초래될 수 있는지를 여러 가지 미디어 매체를 통해 전파하는 것이죠. 잘 만든 공익 광고, 영유아 시기에 공부 시켰다가 망가진 아이들의 부모들이 쓴 수기집, 현존하는 국내외 인재들의 자유로웠던 영유아 시기에 대한 증언 등등으로 재미와 계몽을 동시에 구현할 수 있도록 가능한 한 모든 작전과 역량을 투입하여 의식을 바꿔버려야 합니다.

이 시기에 그렇게 거의 반 강제적으로 공부를 시키지 못하도록 해야 하는 이유가 있습니다. 우선 엄마들이 아이 공부에 집착할 필요가 없도록 해야 하기 때문입니다. 영유아 사교육을 유지시키는 두 동력 중 하나인 엄마들의 맹목적인 경쟁 심리의 근거를 없애버리는 것입니다. 그리고 그렇게 되어야 유아원, 유치원 교육이 본래의 모습을 찾을 수 있습니다.

아이들이 태어나서 처음으로 맞이하는 교육기관에서 배워야 할 것은 세상 체험과 함께 살기입니다. 오감을 통해 세상을 만나는 여러 가지 기회를 그런 교육기관은 전문적으로 마련해줄 수 있어서 집에서 부모가 알아서 하는 것보다 아이들에게 훨씬 큰 도움이 될 수 있습니다. 비용 면에서도 많이 유리하죠. 여러 가지 미술도구나 악기 같은 것을 각 가정이 개별적으로 산다면 가격도 높지만 그럴 여력이 안 되는 가정은 그런 기회에서 소외되어 최초 교육에서부터 기회의 불평등이 일어납니다.

또 한 가지 중요한 기회가 공동체 생활을 체험하는 것입니다. 아무래도 본능이 앞서는 나이대에 경험하는 함께 잘 살기의 기억은 성장하는 내내 그리고 어른이 되어서도 지대한 영향을 미칩니다. 세 살 버릇 여든까지 간다는 말은 여기서도 통용되죠. 현재 우리나라 사회의 일상 속에서 공동체 생활의 아주 사소한 기본마저도 잘 안 지켜지는 원인이 유치원에서부터 공부에 최우선을 두고 자라 온 사람들의 수가 다수가 된 것과 무관하지 않습니다. 지하철이나 엘리베이터에서 내리기도 전에 타는 사람들이 거의 대부분이고, 그렇게 많은 경고 스티커가 붙어 있고 음성 안내를 하는데도 불구하고 에스컬레이터에서 가만히 서서 가는 사람들은 정말 드물며, 횡단보도를 건널 때 오토바이와 자전거에서 내려 끌고 가는 사람들은 거의 없는 모습을 보면 사람들의 의식구조 밑바닥에서부터 뭔가가 크게 잘못되어 있다는 느낌을 지울 수가 없습니다.

그러므로 유치원 교육은 한마디로 말해서 아이들이 모여 즐겁고 행복하게 잘 노는 프로그램을 제공하는 것이어야 합니다. 그속에서 아이들이 배우는 것은 오감 계발과 활용 같은 개인적인 발전에서부터 상대방 배려하기, 공동체 규칙 지키기 등 민주 시민의 기본 교양입니다. 그런 것들은 창의력의 기본이 되고 리더십의 바탕이 되는 것이니 그런 프로그램을 하는 게 나중에 대입에 유리하기조차 합니다. 특히 공부머리를 타고 나지 않은 대부분 아이들에게 그렇습니다.

제대로 된 유치원의 모습을 한번 들어볼까요? 유치원의 입구를 들어서니 아이들 소리가 왁자하게 들립니다. 첫 번째 방을 들여다보니 아이들이 진흙으로 뭔가를 하고 있는데 저마다 제각각으로 가지고 놀고 있습니다. 유치원 교사는 그저 구경만 할 뿐, 진흙으로 무엇을 할 것인지를 정하는 주체는 아이들입니다. 얼굴에 진흙을 묻힌 채로 이런저런 형태를 만드는 아이, 공처럼 뭉쳐서 벽에다 던지는 아이, 평평하게 펼쳐서 손가락으로 눌러보는 아이, 진흙에는 관심도 없이 다른 장난감을 가지고 노는 아이 등등.

두 번째 방을 들여다보니 이번엔 아이들이 수채화 물감을 가지고 놀고 있습니다. 방바닥엔 방수포가 좍 깔려 있고, 아이들은 물감으로 할 수 있는 모든 행위에 몰입해 있습니다. 아마 옷도 그렇게 입고 온 모양입니다. 얼굴에, 옷에, 손과 발에 온통 물감을 묻힌 채로 아이들은 원초적 즐거움에 흠뻑 빠져 있습니다. 그다음 방, 그다음 방에도 여러 가지 형태의 물질 체험이 이루어지고 있습니다. 2층으로 올라가니 노래와 춤의 세상입니다. 신나는 노래에 맞춰 아이들이 제멋대로 춤을 춥니다. 아주 잘 추는 아이도 있고 막춤을 마구마구 추는 아이도 있지만, 교사는 그저 박수만 쳐줄 뿐 역시 아무런 지적질도 하지 않습니다. 한마디로 유치원이 온통 아이들 세상입니다.

아이들이 문제를 일으키면 원칙적으로 해결합니다. 폭력은 무조건 잘못이고 규칙을 어긴 아이는 응분의 벌을 받으며 상호존중의 틀을 벗어난 행동이나 말에 대해서는 단호하게 지도합니다. 이런 일은 모든 아이들이 완벽히 숙지할 때까지 매순간 하루에 수십 번을 반복하더라도 한 번의 예외 없이 모든 아이들에게 똑같이 적용되어야 비로소 아이들에게 체화됩니다. 그리고 그렇게 되고 나면 아이들 스스로 공동체 생활의 평화와 안전의 기본을 지키려는 노력을 하게 되죠. 그것의 가치는 실로 어마어마합니다. 격조 있는 인간의 바탕을 이룬 것이니 값을 매기기조차 어렵습니다.

독일의 어느 유치원에 아이를 보내게 된 한국 엄마를 그 유치원 원장이 불러서 했다는 이야기를 하나 들려드리죠.

"왜, 아이에게 벌써 문자를 가르쳤나요? 나중에 사회적 문제를 일으킬 수도 있는데 그것은 어떻게 책임지실 건가요?"

초등학교 교육은 '생각 능력 키우기'

그러면 초등학교에선 본격적으로 공부를 하는 것인가요? 만약에 그것이 현재 우리나라에서 하고 있는 많은 지식을 습득하는 것이라면 아닙니다. 지식 습득이 초등학교 교육의 목표가 되는 순간 아이들은 '공부 지옥'에 떨어집니다. 얼마나 많이 아느냐가 척도가 되기 때문입니다. 세상의 지식 생산은 어제도, 오늘도, 내일도 전 세계 곳곳에서 일어나고 있는데 그걸 따라잡자고 하는 것은 정말 바보짓입니다. 그런데 그 지식을 어떻게 쓸 것인가를 배우는 게 목표가 되면 상황은 돌변합니다. 공부 지옥이 지적 상상의 세계로 바뀌게 되거든요. 바로 이것이 초등교육의 진정한 모습입니다.

자, 그러면 그런 상상의 세계를 어떻게 불러올 수 있을까요? 알고 보면 사실 별것 아닙니다. 선생이 가르치려고만 하지 않으면 됩니다. 한 가지 예를 들어보겠습니다. 오늘의 학습 주제는 '일년생 풀'입니다. 지식 습득이 목표인 우리나라 초등학교는 일년생 풀의 정의에서부터 종류, 중요한 풀들의 이름들을 주입하는 방식으로 수업이 진행될 것입니다. 교과서도 그런 식에 맞춰져 있죠.

그런데 이 주제를 선생이 이렇게 시작합니다. '일년생 풀이란 무엇인가?'라고 칠판에 적고 아이들을 둘러보는 것이죠. 아이들이 여기저기서 손을 들고 대답을 시작합니다.

"일 년만 살고 죽는 풀이요."

"아니요, 매년 다시 태어나는 풀이에요."

"강아지풀처럼 겨울에는 죽는 풀이요."

각종 지식이 아이들의 입을 통해 등장합니다. 그걸 다 들은 다음, 선생이 한마디 합니다.

"자, 그러면 30분 시간을 줄 테니 인터넷 검색이나 관련 도서 등을 통해서 알아보고 그룹별로 발표 한번 해볼까?"

여러 가지 단편적인 지식들을 통해 자극된 호기심으로 충만해진 아이들은 열정적으로 '일년생 풀'의 정체 파악에 들어가게 됩니다. 지적 상상의 세계가 지식의 바다 위에서 생성되는 것이죠. 그리고 그 상상의 세계 끝에서 아이들은, 저마다 내놓은 지식의 총량이 같은 시간 동안 혼자 습득한 양에 아이들 수만큼 곱한 정도로 많게 된다는 것을 터득하게 됩니다.

초등학교 시절 아이들이 수행해야 할 또 하나의 필수 과제는 '놀이'입니다. 사실 과제라는 말엔 어폐가 있죠. 놀이는 아이들이 스스로 좋아서 하는 행위이니 누군가가 하라고 해서 하는 일인 과제라는 이름과 맞지 않기는 합니다. 그러나 우리나라 교육 현장 상황으로 볼 때 놀이를 과제라고 불러야 아마도 제대로 수행하려고 할 것입니다.

어쨌든 놀이는 초등학생 나이 때의 정신적 성장 촉진제라고 생각하면 됩니다. 즉 초등학교 시절을 별다른 놀이 문화를 체험하지도 못한 채로 마친 아이들은 제대로 성장하지 못했을 가능성이 매우 크다는 이야기입니다. 그것은 마치 비타민 결핍이나 영양 부족으로 발육부진이 와서 왜소해지는 것과 다를 바 없습니다.

그 이유는 놀이를 통해 공동체 생활의 규범을 배우고 공정 경쟁, 정정당당, 아름다운 패배 등등의 가치를 배우게 되기 때문입니다. 초등학생 시절의 놀이를 잘 살펴보면 대부분 나름의 규칙이 있습니다. 순서를 따라야 하고, 승패가 갈립니다. 구경꾼들도 있고, 심판 노릇하는 친구도 있죠. 반드시 서로 도와야 이기는 놀이도 있고요. 그러다 분쟁이 일어나면 대개 다수의 의견에 따라 해결이 됩니다. 놀이가 끝나고 나면 다 같이 어울려 분식집에도 가죠. 그렇게 그들은 게임의 규칙을 체화합니다. 페어플레이를 하고 승패는 담담히 받아들이며 독불장군처럼 놀면 안 된다는 긴 인생살이 내내 금과옥조로 삼음직한 철리를 터득한 순간 아이들의 철학은 본격적으로 시작됩니다.

이 철학이야말로 아이들의 생각 능력의 토대이자 방향타입니다. 철학이 없으면 아이들은 스스로 생각할 줄 모릅니다. 철학이 없으면 남의 철학이 자기 철학이 되죠. 놀이 과정을 통해 비로소 아이들은 세상 속 자신의 위상을 배우게 됩니다. 자아를 도마 위에 혹은 무대 위에 스스로 올려놓는 경지에까지 이른 것은 아니지만, 자신의 감정과 욕심을 다스려야 한다는 것 정도는 터득합니다. 참고, 기다리고, 다스리는 것이야말로 초등학생들이 그 시절이 다 가기 전에 반드시 배워야 할 삶의 중요한 방편입니다. 놀이의 재미와 친구들과의 지속적인 관계 유지 그리고 총체적으로는 함께 놀고 있는 마당의 평화와 질서 유지를 위해서 필요합니다.

이런 사정을 우리나라 엄마들은 과연 모르고 있는 걸까요? 아닐 겁니다. 다만 그들은 빈번하게 혼동에 빠집니다. 자신의 못다 이룬 욕망 투사와 아이들의 장밋빛 미래 설계를 동일시하고, 남들의 성공 기준과 아이들의 꿈을 동일시하고, 자신의 자존심 높이와 아이들의 지망 학교를 동일시합니다. 그러면서 이렇게 되뇝니다.

"이게 다 아이를 위한 일이야. 그렇게 되어 나쁠 게 없는데, 그게 내 자존심이든 남들의 눈이든 무슨 상관이야."

엄마들 대부분이 또한 꿈을 이루고 싶다거나 좋아서 하는 일로 직업을 삼는 일 같은 인생살이를 해본 경험이 없어서 그것이 아이들에게 때론 살아가는 이유가 될 정도로 절박하게 느껴질 수도 있다는 것을 감지하지 못합니다. 그래서 아이들에게 의사 표명의 기회조차 주지 않고 제멋대로 결정해버리는 행동을 하게 됩니다. 아이가 싫어하거나 거부를 할라치면 대개 이렇게 말하죠.

"일단 해. 다니다 보면 할 만할 거야. 너만 안 할 수는 없잖아. 다 하는데……."

아이들은 몇 번 그렇게 당하고 나면 자신의 인생에서 방과 후 시간에 놀 수 있는 권리를 포기하게 되고, 무엇을 할 것인가를 선택할 권리를 빼앗긴 억울함을 새기게 되며, 취향이나 태생에 따라 다르게 살 수 있는 자유도 누릴 수 없음을 체화합니다. 결정적으론 철학 할 바탕을 만들지 못해 정신연령이 초등학교 6학년에서 멈추게 됩니다.

바로 이것이 우리나라 국민들의 총체적 미성숙의 주요한 원인이기도 합니다. TV에서 예능 프로그램이라는 이름으로 행해지는 온갖 '초딩놀이 보여주기'가 초등학생부터 성인에 이르기까지 폭넓은 시청자 층을 확보하고 있는 게 그 증거입니다.

자, 우리나라 초등학교 교육을 정상화시키기 위해서 대한민국의 모든 부모들은 앞장서서 주장해야 합니다.

주입식 교육 방식을 토론식으로 바꿔라!

성적 제일주의를 버려라!

아이들 개개인에 맞춘 교육을 하라!

방과 후에는 충분히 놀 수 있게 숙제를 아주 조금 내라!

"참 이상적인 말씀을 하시네요."

위와 같은 주장을 할 때마다 반드시 나오는 말입니다. 그런 게 가능할 리가 없다는 생각이 뿌리 깊게 자리하고 있는 엄마들의 이야기입니다. 그러나 절대로 이상적이지 않습니다. 실제로 그런 학교들이 우리나라에도 있고, 외국에는 아주 많이 있습니다. '생명을 존중하고 배움과 나눔을 실천하며 자율과 책임을 다하는 교육 목표', '배움과 나눔을 통해 더불어 사는 삶을 알고 실천하기' 뭐 이런 것을 내세우며 인기 몰이 중인 학교들이 분명 우리나라 학교이며(어디인지는 직접 찾아보기를 권합니다. 그 과정에서 정말 많이 느끼게 됩니다), '모두가 이해하기 전까지 진도를 나가지 않는다(뉴질랜드)', '어릴 때부터 수준별 학습을 당연히 여긴다(호주)', '초등학교 수업 45분 중 교사 설명은 단 5분뿐이다(독일)', '아이 교육의 기본자세는 인내심을 갖고 천천히 하는 것이다(이스라엘)', '외국 학생을 위해 책상, 의자, 칠판, 창문 등 교실 전체 물건에 낱말카드 붙여놓기(체코)', '책가방 없이 학교에 가기(네덜란드)' 등등 예를 들자면 끝이 없을 정도로 선진국의 학교들에선 그런

게 결코 이상이 아닙니다.

우리나라에서 그런 이상적인 모습의 구현을 방해하는 또 하나의 결정적 요인은 초등학교 교사들에게 특히 많은 행정업무와 잡무입니다. 2014년 전교조 참교육연구소가 전국 유치원 포함 초중고교 교사들을 대상으로 조사한 설문에 따르면 수업을 제외한 업무의 29%가 행정업무라고 답했다고 합니다. 초등학교에는 교사 수가 중고교에 비해 적기 때문에 그 비율은 더 올라갈 것입니다. 상급기관의 공문, 국정감사, 의회 감사를 위한 몇 년치 자료, 해마다 요구하는 제목만 다른 같은 내용의 자료, 교육과 상관없는 외부기관의 협조 공문, 에듀파인(지방교육행정 재정 통합 시스템) 도입에 따른 공문과 잡무, 교육 복지, 다문화 교육, 방과 후 교육, 학교 폭력 대책 등 끊임없이 등장하는 새로운 업무 등등 도대체 그 이름과 종류만 들으면 교사가 아니라 교육부 공무원의 업무 내용이라고 해도 될 지경입니다. 그런 서류를 요구하는 사람들 혹은 직책을 줄이거나 교무행정 전담팀을 각 학교에 의무화하거나 둘 중의 하나를 해서 교사들이 아이 하나하나에 그리고 아이들 교육 활동과 내용에 온전히 집중하게 해야 합니다.

인문계와 실업계 구분은 중학교에서부터!

우리가 아이들의 초등학교 시절을 통해 확실하게 알게 되는 것 중 하나는 아이가 머리와 손 중 어느 것을 쓰면서 살 것인가 하는 것입니다. 좀 더 사실적으로 이야기하자면 공부를 할 아이인지 아닌지를 알게 됩니다. 우리나라의 매우 많은 엄마들이 애써 부정하고자 하지만 그것은 엄연한 진실입니다. 여기서 다시 한 번 그 판별법을 알려드리겠습니다.

공부할 아이들은 우선 책을 몹시 좋아합니다. 어느 정도로 좋아하냐 하면 먹는 것도, 자는 것도 잊고 볼 정도로 좋아합니다. 경치 좋은 계곡에 놀러 가서도 구석에 처박혀 책을 보고 있죠. 두 번째로는 공부를 한 성과가 제대로 나와야 만족합니다. 우리 나라에선 그게 성적이죠. 불과 한두 개 틀린 것 때문에 속상해하면 그 아이는 명명백백히 공부 체질입니다.

그럼 공부 쪽 적성이 아닌 아이들은 어떤 특성이 있을까요? 아주 간단합니다. 그들은 그냥 공부가 제일 싫습니다. 공부를 하느니 차라리 화장실 청소를 합니다. 방학숙제는 항상 개학 전 날

몰아서 하고, 시험공부를 제대로 하여 시험 치는 법이 없습니다. 간혹 밤을 새워본다고 하기는 하지만 그들은 그런 기질 자체가 없어서 평생 단 하룻밤도 공부하느라 샌 경험이 없습니다. 그들이 밤을 새게 되는 경우는 놀 때입니다.

이렇듯 공부 체질과 비공부 체질은 무척 다릅니다. 그래서 공부할 아이들은 인문계, 그리고 공부가 적성이 아닌 아이들은 실업계로 나눠야 정상적인 교육이 됩니다. 그런 시스템이 없다면 그것은 중학교 교육부터 비정상적인 교육을 실시한다는 이야기가 됩니다. 바로 우리나라가 그 모양입니다. 공부를 좋아하는 아이들과 싫어하는 아이들을 한 반에 넣어서 똑같은 커리큘럼으로 주입식 수업을 하는 수십 년 묵은 이 모델은 사실 둘 다 죽이는 교육입니다. 인문계 쪽인 아이들은 그나마 교육 내용이 그 쪽이라 좀 낫지만 실업계로 갈 아이들에게는 그야말로 시간 낭비이자 인격 모독인 셈이죠.

그래서 그런 아이들에게 현재 대한민국에서의 최선의 대안은 일찌감치 인문계와 실업계로 나누는 시스템을 지닌 나라로 유학 가는 것입니다. 재정적인 여유만 있다면 무조건 그러는 게 아이의 장래에 유익합니다. 그런데 대부분 가정이 그렇지 않을 것이므로 다른 방책을 찾아야 합니다.

그중 하나가 대안학교입니다. 공부가 아닌 다른 교육 목표가 있는 곳이면 어디나 좋습니다. 아이들 각자의 특성에 맞는 교육 기회와 전문가를 보유한 곳이면 금상첨화죠. 어쨌든 그런 아이들에게는 공부하라는 강요만 없어도 그 자리가 천국입니다. 그런 곳에서 아이들은 나름대로 뭔가에 꽂힐 기회를 충분히 누리는 것만으로 아주 훌륭한 교육을 받고 있는 것입니다.

원래 중학생 나이는 운명적으로 무엇엔가 끌려 정신없이 몰입하는 상태가 빈번히 일어나는 시기입니다. 아이돌에 꽂히고, 만화에 열광하고, 게임에 몰두하고, 전자제품 분해 조립에 날 새는 줄 모르는 등의 현상이 다 이때에 발생합니다. 그런 아이들에게 맘껏 할 수 있는 마당이나 기회를 주어야 하는 것이 제대로 된 교육입니다. 빌 게이츠나 스티브 잡스같이 20대에 이미 세상을 바꿀 엄청난 사업을 일으킨 사람들의 중학생 시절은 보통 그런 몰입으로 점철되어 있었습니다.

아이들의 특성에 맞게 교육 시스템을 잘 갖춘 나라 중 하나가 독일입니다. 예전에 그곳에서 유학할 때 비상근 통역으로 일하던 펌프와 모터를 생산하는 회사에서 10대 실습생들을 본 적이 있었습니다. 오전엔 학교에서 이론 수업을 받고 오후엔 그 회사의 생산라인에서 실습을 한다는 설명을 하던 부사장의 다음 말이 꽤나 충격적이었죠.

"저도 저런 실습생으로 처음 이 회사에서 일을 시작했죠."

그러니까 그는 무려 40여 년 동안이나 그 회사에서 일을 하고 있는 것이고, 게다가 생산라인 조립 노동자가 경영진의 거의 최고 자리에까지 이른 것이었습니다. 우리나라에서라면 온갖 언론의 주목을 받았을 사건이겠지만 독일에서 별로 드물지 않은 일이라고 했습니다.

중학교 나이대에 실업계 학교를 다니면서 나중에 입사할 관련 회사에서 실습수업을 받고 졸업한 뒤에는 정식으로 입사하여 고위 경영진에까지 오를 수 있는 시스템. 이런 시스템이 우리나라에도 존재했다면 현존하는 교육계의 숱한 난제가 생겨나지 않았을 것입니다.

그래서 우리나라는 중학교부터 실업계와 인문계를 나누어야 합니다. 인문계보다 실업계를 두 배 혹은 세 배 정도 많이 만들어서 공부가 맞지 않는 대다수 학생들이 마음껏 원하는 곳을 골라 갈 수 있도록 해야 합니다. 누가 실업계로 갈 것인가는 선생과 학생이 함께 결정하고 부모는 그저 따르는 것이 정도입니다.

부모의 욕심이 개입할 개연성이 매우 큰 대한민국이라는 나라에선 필수적으로 부모를 그런 결정 과정에서 배제시키는 것이 옳습니다.

인문고 대 전문고의 비율은 20 대 80으로!

자, 이제 고등학교를 어떻게 하느냐는 답이 무엇인지 알 것입니다.
그렇죠. 바로 대다수 아이들이 실업계를 선택하도록 해야 한다는
것입니다. 요즘 이름으로 말하자면 특성화고와 마이스터고로 진
학하면 됩니다. 예전과 달리 이름도 다양해졌습니다. 한마디로 폼
나는 이름이 많아졌다는 이야기입니다. 정보통신고, 미디어고, 승
마고, 미용고, 국제통상고, 모바일과학고, 물류고, 자동차과학고,
간호고, 자영고, 항공고, 해양과학고, IT고, 비즈니스고, 생활과학
고, 하이텍고, 전자고, 관광경영고, 디자인고 등등 정말 많죠?

아마도 많은 아이들이 이 이름만 보고도 가슴이 부풀어 오를
것입니다. 설치되어 있는 학과도 매우 매력적입니다. 디자인고에
는 공예디자인과, 도예디자인과, 실내디자인과가 있고, 관광경영
고에는 관광레저과, 관광운항과, 디지털정보과, 테크노경영과, 유
통경영과 등이 있으며, 생활과학고에는 조리과, 패션디자인과, 피
부미용과 등 요즘 한창 뜨고 있는 업종이 다 있군요. 자동차고에
가보니 자동차산업과, 자동차과, 자동차시스템과, 자동차전자과

등이 있고, 로봇고등학교에는 로봇제어전자과, 로봇콘텐츠과, 정보처리과가 있습니다. 물류고에는 무슨 학과가 있을까요? 국제경영과, 국제물류과, 국제물류유통과 그리고 기업지원관리과 등이 있습니다. 여기 출신들은 그러면 DHL이나 FEDEX 같은 국제 물류 회사에 고등학교 졸업하자마자 취직할 수도 있겠군요.

자, 소감이 어떤가요? 공부에 소질도 없고, 재미도 못 느끼는 아이들을 억지로 끌어다가 인문계 고등학교 교실에 집어넣어 하루 종일 졸게 만들고 방과 후에는 소위 종합적으로 모자라는 아이들이 다 모이는 종합반 학원 교실에 때려넣어 강사들 원맨쇼 구경이나 하게 하면서 인생의 첫 번째 황금기라 할 수 있는 그 시기를 그렇게 허망하게 보내게 하는 것보다 하고 싶고 구미가 당기고 뭔가 손에 와 닿는 현실적인 학습과 훈련을 받게 하는 것이 백배 천배 나아 보이지 않나요?

그러나 이 순간에도 고개를 갸웃거리고 있는 엄마들이 보입니다.

'그래도 대학에는 가야 하지 않을까? 그렇게 고등학교에서부터 기술 쪽으로 가면 안 그래도 지적이지 못한 머리가 아예 깡통이 되지는 않을까?'

정말 그럴까요? 정말 아이들이 그나마 인문계에 남아 있어야 약간의 지적 성장이라도 하게 될까요? 현실은 정반대입니다. 비

공부 체질들 대부분은 학교에 있는 시간의 절반 이상을 졸며 자며 보냅니다. 깨어 있는 시간에도 딴짓을 하거나 소위 멍 때리고 있죠. 선생들이나 친구들로부터도 공부하는 아이가 아니라 공부 안 하는 아이, 다른 일로 먹고살 아이로 정의되어 있기 십상이고요. 당연히 지적인 환경과는 전혀 상관이 없이 3년을 보내게 될 것입니다. 그나마 바보 취급이나 투명인간 취급을 안 당하면 다행인 것이죠. 그런데도 인문계 고등학교를 고집하겠습니까, 어머님 여러분?

문제는 이런 고등학교의 숫자가 충분하지 않다는 것입니다. 한 학년당 대강 20% 정도의 학생들만 수용이 가능한 정원입니다. 그렇다면 대한민국의 창창한 미래를 위해 그 비율을 무조건 뒤집어야 합니다.

인문계 20 실업계 혹은 전문계 80!

이것을 가능하게 하기 위해서는 중학교 단계에서부터 인문계 실업계로 나눠 진학하는 시스템이 탄생해야 할 것이고요. 그런 시스템이 탄생하려면 초등학교에서부터 토론식 수업이 정착이 되어야겠지요. 그래야 아이들의 공부 성향, 비공부 성향이 선명해질 터이고, 아이들의 사고력이 제대로 작동하게 되어 중학교 선택을 스스로 하게 될 테니까요.

결국 초등학교 수업 방식의 전면 개편이 최우선 과제이고, 그것을 잘 도입하면 중학교, 고등학교의 각 개개인에 맞춘 진학과 커리큘럼 도입이 가능해진다는 이야기입니다. 물론 제대로 된 초등학교 프로그램은 유아기 유치원 시기에 벌써 공부 잘하는 아이로 만들겠다는 아동학대 수준의 엄마들의 삐뚤어진 욕망도 잠재우겠죠?

기업들의 간접 지원도 필수입니다. 엄마들이 고졸로 취업하려는 아이들에게 딴지를 걸지 않게 할 수 있는 가장 막강한 무기는 기업들이 가지고 있습니다. 일단 고졸이면 충분한 일자리에는 무조건 고졸만 지원하도록 하는 것입니다. 대졸자들의 기회가 확 줄어들 정도로 파격적으로 시행해야 합니다. 그다음엔 고졸로 취업한 이들이 대졸자의 나이가 되면 대졸 신입보다 직급은 더 높고(경력이 많으니 당연한 일), 그에 맞춰 급여 수준이 더 많은 정도가 되도록 합니다. 대학교를 졸업하고 같은 회사에서 비슷한 일을 하는 경우 손해가 막심해야 하는 것이죠. 고졸 취업자는 약 5년 정도를 앞서서 돈을 벌었고 직급도 더 높아 급여도 더 많은 데다 승진의 기회도 더 빨리 찾아오게 될 테니, 대학교 가서 돈을 벌기는커녕 쓰면서 4, 5년을 보내고 취업을 하고 보니 고졸 취업자에게 여러 가지로 밀리는 상황이 벌어진다면 대졸로 취업하는 것은 커리어 관리 면에서 결코 현명하지 않은 선택이 되는 것입니다.

정부가 고졸 취업을 많이 시키는 기업들에게 세제 혜택이나 세무조사 면제 같은 정책을 펴는 것 역시 반드시 선행되어야 합니다. 고졸 취업 면에서 선도적 역할을 한 기업들에게 법인세 50% 감면, 세무조사 10년 면제 같은 파격적인 선물이 주어지면 순식간에 분위기를 반전시킬 수도 있습니다. 워낙 노회한 기업 인사 책임자들이 많으니 일단 시작한 해에 약간의 혜택을 주고 10년간 관찰 후 우수 기업을 최종 선정한다는 식의 전략을 함께 도입해야겠지요.

어쨌든 정부가 나서야 기업을 적극적인 실천 쪽으로 움직일 수 있습니다. 기업이 그렇게 움직이면 학교가 반응하고, 학교가 반응해야 부모들이 비로소 오랜 고정관념에서 벗어날 수 있습니다. 일류 기업들이 전국의 전문계 고등학교를 돌며 취업 설명회를 하는 것도 아주 권장할 만한 액션이죠. 삼성전자나 현대차, 네이버나 커피빈 혹은 하나투어나 MCM 패션 같은 곳에서 인사 담당자와 고위 임원들이 나타나 회사에 대한 비전을 설명하고 직접 현장에서 리쿠르트를 위한 면접을 진행하는 식의 행사가 정례화되면 우리나라 사회 특성상 괜찮은 전문계 고등학교가 언론의 집중 관심을 받게 되는 것은 물론, 입시 시장에서 화려하게 부상할 것은 명약관화합니다. 별 볼 일 없는 일반고나 특목고 들이 대거 전문계 고등학교로 전환을 시도할 것이고, 그렇게 되면 결국은 인문

대 전문의 황금 비율 20 대 80을 맞추는 것도 그리 어렵지 않게
될 것입니다.

저급한 4년제 대학은 모두 정리한다

우리 모두 잘 알고 있는 사실 하나는 전국의 정말 많은 4년제 대학이 엉터리 대학이라는 것입니다. 좀 과격하게 표현하자면 공부에 별 뜻 없는 청춘들이 돈으로 대학생이라는 지위를 살 수 있는 곳입니다. 결정적 증거는 재학생들이 그 대학을 다니고 있다는 것을 밝히기를 거부하고 등교도 제대로 하지 않는데 졸업은 가능하다는 것입니다. 부연하자면 한글로 된 책을 잘 이해하지 못하고, 한글로 쓴 리포트는 내용의 충실성을 따지기 전에 기본 어법부터가 엉망진창인 수준의 학생들이 다니고 있다는 것도 그런 평가에 매우 결정적이죠. 그러니까 고등학교 과정의 지적 활동도 어려워 보이는 학생들이 대학생일 수 있는 나라가 대한민국입니다.

지금까지는 이런 대학들의 문을 닫게 하기가 만만하지 않았습니다. 어찌 되었든 학생들이 입학을 하기는 하니까요. 그러나 만약 앞에서 쓴 대로 초등학교에서부터 교육 현장이 그렇게 근본적으로 바뀌어져오면 결국 10년 정도 뒤에는 그런 대학들에 지원하는 학생이 단 한 명도 없게 될 것입니다. 신입생이 생기지 않는데 계속 문을 열어놓고 있겠다는 정신 나간 대학 당국은 없을 터이니 저절로 문이 닫힐 것입니다.

아마 그렇게 되기 전에 그런 대학들의 이사장들은 대한민국 교육 역사상 유례없이 바탕에서부터 진행되는 도도한 변혁의 흐름을 보겠지요. 4년제 대학에 진학하겠다는 목표를 삼은 학생들의 절대 숫자가 왕창왕창 줄어들어가고, 따라서 굳이 대학에 오고자 하는 학생들의 지적 욕구를 제대로 채워줄 능력과 시설을 갖춘 대학들만 살아남게 되리라는 것을 본능적으로 체감할 것입니다.

그래도 안 닫고 버티는 대학도 있을 수 있고, 또 눈 가리고 아웅 하는 솜씨 하나는 세계 최고인 우리나라 사람들 속성상 그냥 그렇게 고사할 때까지 기다리면 뭘 수라도 나오겠지 하며 버틸 수도 있습니다. 그래서 가급적이면 빠르게 진행을 시켜 꼼수 부릴 시간을 줄여버리고 기왕이면 쌍방향으로 좁혀 들어가서 다른 곳으로 튈 여지도 없애버려야 합니다.

대학 진학 희망자의 절대 수가 줄어드는 것을 기다리는 한편으로 지금 현재 수준을 제대로 평가하여 설립 인가를 취소하는 작업도 강력하게 시행해야 합니다. 그렇게 해서 대학에 가서 학문 수수를 도대체 할 수 없는 아이들은 갈 곳이 없어야 합니다. 그래야 엄마들도 미련을 접겠지요. 그런 점에서 학력고사 전에 시행되었던 예비고사 제도를 부활시킬 필요도 있습니다. 일정 점수 이상을 따지 못하면 대학 진학 자체를 못 하게 하는 것이죠. 그렇게 학생 수 자체를 대학교 강의 수용 능력을 기준으로 줄이면 사학 재단들도 딱히 항의할 근거가 없을 것입니다.

수능 시험 자체를 대학 교육 수수 능력이 있나 없나를 확연히 변별해줄 수 있는 종류로 바꾸는 것 역시 필수입니다. 예컨대 독일의 '아비투어' 시험이나 프랑스의 '바칼로레아' 같은 스타일을 전격적으로 도입하는 것이죠. 앞에서 주장한 대로 초등학교에서부터 토론식 수업이 행해지는 정책이 추진된다면 지극히 타당한 전환이라고 여겨지기도 할 것입니다. 시험 과목 수는 서너 가지 정도이고, 한 과목당 한 문제를 가지고 네 시간 정도 논술을 하고 나오는 그런 스타일의 시험은 머리가 그런 쪽으로 잘 안 돌아가는 학생들에게는 그야말로 '오르지 못할 나무'가 되어 아예 도전할 생각조차 안 하게 될 것입니다. 자발적으로 대학 진학을 포기하게 만드는 가장 효과적이고 합리적인 방법입니다.

대학에 진학하고자 하는 학생들 수가 획기적으로 줄고, 무늬만 대학인 대학교들도 다 사라지고 나면 이제 국가는 최고 학부 기관을 운용 및 지원할 수 있는 제대로 된 여력이 생길 것입니다. 그리하여 국공립대학은 완전 무상, 사립대학에는 파격적 운영비

지원 등을 통해 집안 사정상 대학교에 갈 수 있어도 못 가는 사태는 더 이상 일어나지 않게 할 수 있을 것입니다. 교수 대 학생의 비율도 당연히 지금보다 획기적으로 개선할 수 있게 될 터이고, 전공하지도 않은 과목을 강의하거나 너무 많이 강의하느라고 연구할 시간이 없는 상황도 사라질 것이며, 따라서 이 좋은 직장을 잡겠다는 정말 우수한 인력이 대학교수가 되는 정상적인 세상이 올 것입니다.

지금처럼 능력도 안 되는 사람들이 그저 교수가 되겠다는 일념으로 어찌어찌 석사, 박사 학위를 따서 그렇고 그런 대학의 교수가 되어 30명이 기록되어 있는 출석부를 들고 세 명밖에 없는 강의실에 가서 나머지 27명 모두도 출석했다고 체크하고 그 세 명과 인생 이야기나 하는 식의 풍경도 지난날의 웃기는 초상 정도로 남겠지요.

대학이라면 절대로 하지 말아야 할 학점 장사도 과거의 유물로 사라질 것입니다. 예전에는 어느 대학이나 특히 전공 필수 과목에서 F학점을 무더기로 선사하는 교수들이 전설처럼 존재하고 있었고, 그들 덕에 그 학교들의 지적 수준이 적정한 선에서 머물 수 있었습니다. 지금처럼 일류, 이류, 삼류 대학 할 것 없이 아이들 취업 잘되라고 저마다 학점을 으리번쩍한 수준으로 주는 것은 냉정하게 말해서 대학의 존재 가치를 땅바닥에 패대기친 것이나 진배없습니다.

들어갈 수 있는 수준이 제한적인 것처럼 나오는 수준 역시 일정 기준을 충족시켜야 함은 기본 중 기본입니다. 그래야 학문의 발전이 일어날 테니까요. 현재 우리나라처럼 논문인지 '노(No)문'인지 분간이 안 되는 것들이 석사·박사 논문으로 채택되는 경우는 아마 전 세계적으로도 유례없는 일일 것입니다.

원래 고학력이 요구되는 일자리는 대강 짐작으로 그 수요를 알 수 있습니다. 미래를 장기적으로 예비하는 연구원 같은 작업에도 그런 고학력이 필요하죠. 그렇게 예측한 수요를 바탕으로 국가가 각 학과의 정원을 일정 기간 간격으로 조정을 하면 현재 우리나라에서 일어나고 있는 대졸자 실업대란 같은 것은 발생하지 않습니다.

고졸로 취직했어야 할 사람들이 대학교까지 졸업하느라고 시간 낭비하고, 기업에선 고졸자의 절대 수가 모자라 할 수 없이 대졸을 뽑아야 하는데 대졸이라고 그런 자리에는 갈 생각도 안 하는 사람들이 많아 정작 대졸 실업대란이 이해가 안 가고, 정작 대졸자들은 대졸이 갈 자리에 걸맞은 실력은 없어서 원서를 넣는 족족 낙방하거나 어렵게 취직이 되었지만 능력이 안 받쳐줘서 결국은 제 발로 걸어 나오고 마는, 처음부터 끝까지 어이없는 헛웃음

만 나오는 괴이한 고학력 인력 수요·공급 마당은 완전히 치유가
될 것입니다.

대학원은 국제 학문 교류의 장으로 키운다

대학원은 그야말로 학문 연구의 장으로 완전히 돌아가야 합니다. 일단 능통한 영어 실력을 기본으로 갖추도록 해야 합니다. 그래야 선진국들의 학문 발전의 추이를 실시간으로 따라갈 수 있으니까요. 그리고 그렇게 되어야 외국의 우수한 인력들이 대한민국의 우수한 대학교나 대학원으로 유학을 옵니다. 혹자는 이런 생각을 할 수도 있겠지요. 우리나라 사람들은 유학을 가면 그 나라 말을 배워 학문을 하는데, 마찬가지로 외국인들이 우리나라에 오면 한글을 배워 학문을 배워야 형평성이 맞지 않느냐고 말이죠. 일견 그럴듯한 주장 같지만 그러기 위해선 전제가 필요합니다. 우리나라 학생들이 유학 가는 나라와 우리나라의 학문 수준이 대등해야 한다는 것 말이죠. 유감스럽게도 실상은 전혀 그렇지 않습니다.

세계적으로 학문 발달의 리딩 그룹은 알파벳 문화권입니다. 영어, 독어, 불어 이 세 가지 언어가 세계적인 주요 연구 프로젝트들의 언어입니다. 우리나라는 그 발전을 따라가기 위해서 번역을 할 수밖에 없는데 그런 능력이 있는 사람들은 극히 소수입니다. 다른 말로 하면 극히 소수 인력이 극히 제한적인 분야에서 그 나라들의 수준을 겨우 따라가고 있다는 것입니다. 매우 많은 분야에서 우리나라는 그들이 이루어낸 기술과 만들어낸 제품을 비싸게 사는 나라에 지나지 않습니다.

그렇게 되기 위해서 제일 필요한 것이 아주 우수한 인력이 대학원에 기꺼이 진학하도록 하는 것입니다. 역시 국가가 나서야지요. 대학원에 진학하는 순간 팔자가 필 정도로 파격적인 인생이 펼쳐질 수 있게 각종 장학금, 연구원 겸직 기회, 각종 고급 프로젝트 참여 기회 등이 다각적으로 제공되면 공부가 팔자인 초우수 브레인들이 각종 대학원에 몰려들 것입니다.

그렇게 해서 브레인들의 두뇌가 최상의 화학작용을 일으키기 시작하면 어느 날 갑자기 노벨상도 당연히 찾아옵니다. 기업체가 보유하고 있는 연구소와 대학원을 연계시키는 것도 역시 무조건 실행해야 합니다. 산학연계의 대표적이고 실질적인 사례이니까요. 대학원 수준이 최고가 되면 기업들이 아마 앞다퉈 그런 제도를 만들 것입니다.

국공립대학교의 대학원 교수들 역시 웬만해서는 최우수 공부 체질들을 감당할 수 없을 것입니다. 게다가 영어 논문이나 저서를 편하게 읽어대는 수준의 학생들이 나타나기 시작하면 지금 현재 대학원 교수들로는 그들의 학문적 성장을 책임지게 할 수 없게 됩니다.

그래서 이런 제도가 시행되는 초기에는 웬만하면 외국의 학자나 교수들을 초빙하여 임용하는 것을 추천합니다(현재 우리나라에서 영어로 대학원 수준의 강의를 할 수 있는 교수들이나 학자들의 숫자는 매우 미미하여 어쩔 수 없기도 합니다). 일단 영어가 되니까 최신 학문을 해독하는 데에 어려움이 없을 것이고, 외국인이니까 권위의식을 내세워 제자들을 괴롭히거나 창의적 연구를 가로막는 일을 할 가능성이 훨씬 줄어들 것입니다. 무엇보다도 제자들에게 연구 방법론에 대한 가르침 면에서 국내 토종 교수보다 탁월할 것입니다. 현재 우리나라 토종 교수들은 자신들 스스로도 교수가 될 때까지 그런 면에서도 제대로 배운 바가 없는 경우가 대부분이어서 기껏 우수한 학생들을 받아서는 오히려 그 빛을 흐려버리는 신공을 발휘할 개연성이 농후합니다.

이 대목에서 누군가는 기분이 좀 상할 것입니다. 아무리 우리나라 대학과 대학원이 수준이 떨어진다지만 그렇게 질이 좋아진 대학원의 교수들을 외국인으로 거의 다 채운다면 우리나라 자존심이 좀 상하는 것 아니겠냐고 말입니다. 아무 데서나 우리나라 대한민국 내세우는 것이 대저 우리나라 국민들의 정서이기는 하지만, 학문의 영역에서 그러다가는 국제 지성계에서 "꼴통", "바보", "쪼다" 소리 듣기 십상입니다. 그 세계에서는 모르면 배워야 하고 남들보다 더 잘하고 더 먼저 알아내면 상 받고, 돈 벌고, 대접 받는 원리 외에는 어떠한 것도 통용되지 않습니다. 민족주의나 국수주의는 경계 대상 0순위입니다. 지금까지 유수의 선진국 대학교에 유학한 우리나라 사람들은 그럼 누구입니까? 한민족으로서의 자존심이 결여되어 있어서 굳이 그런 선택을 한 것일까요? 아닙니다. 다들 알다시피 그 나라의 그 대학교에 우리나라 대학교의 교수들보다 더 학문적으로 뛰어난 교수들이 있고, 더 나은 논문들과 학문적 환경이 있고, 그곳의 학위가 세계적으로 더 인정받고 있기 때문입니다.

이런 대학원 제도가 잘 뿌리를 내리면 산업과 학문의 적절한 분리와 합리적인 공조가 비로소 일어날 것입니다. 취업률과 단기 성과주의 그리고 정치성까지 침투하여 학문이 산업의 충직한 시녀 노릇을 하고 있는 작금의 대한민국의 중병이 치료될 수 있는 길의 시작인 것이죠.

아프고 병든 대한민국 엄마들을 위한 갱생프로젝트, '엄마 자격증'

엄마 자격증을 도입하자

우리나라가 '학원 공화국'이 된 데에는 여러 가지 복합적인 원인이 있습니다. 공교육이 무너져서 그렇다고 할 수도 있고, 대입 위주의 교육 시스템 때문이라고 할 수도 있으며, 모든 아이들을 성적순으로 줄 세우는 방식의 평가제도 때문이라고도 할 수 있습니다.

그러나 뭐니 뭐니 해도 가장 큰 공로자는 엄마들입니다. 학교 공부만으로 그날 할 공부 다 했다고 생각해야 정상이건만, 마치 무엇인가에 홀린 것처럼 아이들을 다시 학원으로 쫓아 보내기 때문입니다. 아이가 아침에 일어나 밤에 잠들기 전까지 대부분 시간을 오로지 공부만 하고 산다는 것이 매우 비정상이라는 생각을 하지 못하는 엄마들의 상태에 대해서 우리는 심각하게 고민해야 한다는 이야기입니다.

학교 공부가 끝나고 쉴 틈도 없이 학원 건물에 들어가 밤늦도록 그 건물 안을 엘리베이터 타고 오르내리면서 이 과목 저 과목을 순례하듯 수강하는 모습을 이상하게 여기지 않는다면 혹은 측은하게 바라보지 않고 오히려 흐뭇하게 바라본다면 그런 엄마들은 아이 양육의 기본이 뭔지 모르는 사람들입니다. 불쌍하고 짠하기는 하지만 다들 하는데 불안해서 그만두게 할 수는 없다는 엄마들은 상태가 조금 낫기는 하지만 판단 기준이 남들이 어떻게 하는지에 맞춰져 있다는 점에서 또한 매우 심각한 상태라고 할 수 있습니다.

엄마들의 그런 상태가 심각한 이유는 아이들의 비명 소리를 듣지 못하거나 들으려고 하지 않기 때문입니다. 아이들이 그렇게 하루 종일 학교에서 학원, 학원에서 과외, 자기 전까지 숙제 등등 온통 공부에 시달리면 너무나 당연히 병이 들기 시작합니다. 대개 마음의 병입니다. 간혹 신체적인 증상으로 나타나기도 합니다. 아이들 얼굴에서 쾌활함이 사라지고, 짜증이 증가하며, 종종 복통이나 두통을 호소하기도 합니다. 병원에 가면 의사 선생님도 이리저리 청진기를 대보고 나서 이렇게 말하죠.

"이놈! 너 공부하기 싫어서 그러는구나?"

어쨌든 전반적으로 아이들은 집에만 오면 시들시들합니다. 엄마들은 공부가 힘들어서 그렇겠지 하는 생각에 과일도 먹이고, 격려도 하지만 사실 아이들이 몸이 아니라 마음이 힘들어서 그런다는 생각은 추호도 하지 않습니다. 사랑하는 자신의 아이가 정작 어떤 상태인지 전혀 모르고 있는 엄마들인 것입니다. 그리하여 우리나라는 현재 OECD 국가 중 청소년 자살률 1위, 고등학생 중 정신과적 치료를 요하는 비율 약 25%에 달하는, 아이들 교육의 초비상 사태에 직면해 있습니다. 그래서 뭔가 특단의 대책이 필요합니다.

엄마들의 그런 행태나 사고방식의 근간에는 필시 교육의 기본에 대한 무지가 깔려 있을 것입니다. 교육의 기본, 즉 '사람을 먼저 만들어라'를 모르고 있는 게 분명하다는 이야기입니다. 이런 얘기에 그들이 하는 말을 들어봐도 알 수가 있지요.

"공부가 학생의 본분인데 공부 잘하면 사람 된 거잖아요?"

예의 바르고 타인에 대한 배려심이 넉넉하고 삶에 대한 태도가 밝고 긍정적인 사람으로 자란다는 것으로 족하지 않다는 것이 그들의 견해입니다.

"그러지 않아도 좋으니 공부만 잘해다오."

사실은 이것이 그들의 속마음을 가장 잘 대변하는 말입니다.

자, 그렇다면 그대로는 안되겠습니다. 아이들이 그렇게 자라나면 이 나라의 미래는 암울합니다. 아이들이 설사 공부를 잘하게 되었다 하더라도 공부를 마치고 나아가 살게 될 세상이 엉망이 되면 아무 소용이 없게 될 수도 있습니다. 엄마들을 그런 단견의 세계에서 빨리 구출해야 합니다. 그래서 산업의 주요한 분야에서 프로젝트를 수행하려면 반드시 자격증을 따야 하듯이 엄마들도

'엄마 자격증'을 따야 아이를 낳고 키울 수 있는 제도를 도입해야 겠습니다. 이미 엄마가 된 사람들도 정해진 기간 내에 모두 그 자격증을 따야 계속 친권을 행사할 수 있도록 합니다.

'엄마 자격증'을 따기 위해서는 소정의 교육을 받아야 합니다. 교육 과목은 대강 '사람의 자식들에 대한 생물학적·사회학적·철학적 이해', '사람에 대한 교육과 애완동물에 대한 훈련의 차이', '아이 교육에 대한 엄마들의 위대한 착각', '사람을 교육시킬 때 꼭 지켜야 할 101가지' 등등으로 합니다. 시험은 필기와 실기로 나눠서 치고, 실기시험은 집에서 실천하고 있는 모습을 증언하는 자체 설치 CCTV 영상으로 갈음합니다.

이 교육은 아이가 성장함에 따라 2차, 3차 교육까지 받아야 자격증의 효력이 유지됩니다. '잔소리가 조언이 되게 하는 법', '아이 성교육 직접 하는 법', '아이에게 사춘기 준비 시키기', '아이와 함께 꿈 찾는 방법', '아이 정신적 독립 훈련법' 등등이 2차 교육 과정 과목이라면 '대입 위주 교육 현장에서 정신줄 잡기', '세계는 넓고 아이의 가능성은 무한하다', '아이 진짜 성인 만들기', '아이를 잘 떠나보내는 방법' 등등이 3차 교육 과정의 과목이 될 것입니다.

이 제도가 잘 정착이 되면 우리나라의 고질병인 대학 입시제도는 단숨에 해결이 됩니다. 무늬만 대학인 대학교들은 지원하는 학생들이 없어져 문을 자동으로 닫을 수밖에 없게 될 것입니다. 왜냐하면 대입 생각만 하면 논리가 엉키고 현실 인식이 없어지던 엄마들이 그런 교육을 통해 제정신을 다시 찾게 될 것이기 때문입니다. 유치원 시절부터 오로지 일류대 입학을 미끼로 엄마들을 미혹하던 온갖 학원들 역시 삽시간에 문을 닫을 수밖에 없게 되겠죠. 대신 아이들을 정말 사람의 자식으로 진정성 있게 잘 대해주는 어린이집, 유아원, 유치원 들이 폭발적으로 증가할 것입니다(대개는 공부 잘 시켜준다는 곳이 또 시류에 맞춰 급변경을 한 경우겠지만).

초등학교 이상 학생들을 대상으로 하던 각종 오프라인·온라인 학원들 역시 폐업을 면치 못할 것입니다. 그리하여 아이들은 다시 아이답게 살 수 있는 날을 맞이하게 될 것입니다. 아이가 아침부터 저녁까지 자신의 의지와는 거의 상관없는 바쁜 스케줄을 소화하고 있는데도 '이 동네에서 애만큼 사교육 안 받는 애는 드물다'는 말로 위안을 삼고, 사교육 1번지에서 남들보다 학원을 덜 보내긴 하지만 혹시 그래서 아이의 인생을 망치고 있는 게 아닌가 하는 불안감에 떠는 이상한 엄마들도 당연히 사라질 것입니다.

아이들은 방과 후에 학교 운동장이나 동네 놀이터에서 땀 뻘뻘 흘리며 놀 것이고, 엄마들은 휴대폰 들고 아이들 동선 체크하는 대신, 근처 벤치에서 다른 엄마들과 함께 흐뭇한 마음으로 아이들의 노는 모습을 지켜보게 될 것입니다. 저녁 식탁에서는 미처 흥분이 가시지 않은 아이들의 신나는 하루 일과 보고를 듣게 될 것이고, 저녁 10시가 채 되기 전에 열정적으로 보낸 하루의 여파로 곤히 잠에 빠진 평화로운 아이의 얼굴을 감상할 수 있게 될 것입니다.

엄마들에게 민방위 교육을 실시하자

'엄마 자격증' 제도가 잘 정착되기 위해서는 제도의 시작과 동시에 '엄마 민방위 교육'을 실시해야 합니다. 남자들이 받는 민방위 교육이 시민으로서 나라가 위험에 처했을 때를 대비할 수 있도록 받는 거라면 엄마들이 받는 민방위 교육은 '사교육의 음험한 유혹이 다가올 때 대처하는 법'에 대해 받는 것입니다. 앞에서 본 것처럼 사교육의 폐해는 이미 상상을 초월할 정도로 대한민국을 파괴하고 있어 국가가 나서서 이런 교육을 해야 할 당위는 이미 차고 넘칩니다. 그리하여 분기에 한 번씩 혹은 최소한 반기에 한 번은 엄마들이 '대 사교육 민방위 교육'에 의무적으로 참여하도록 하여 그들의 유혹에 빠지지 않도록 의지력을 길러주어야 합니다.

'위험한 사교육 구별법', '좋은 사교육, 나쁜 사교육', '사교육으로 인한 피해 사례', '사교육이 필요한 아이들, 필요 없는 아이들' 등이 그 민방위 교육의 과목이 될 것입니다. 엄마들의 욕망 투사나 허영을 이용하는 학원들이 주로 어떤 문구를 써서 엄마들의 죄

책감을 희석시키는지, 아이들 교육에 대해서는 교육적·철학적으로나 윤리적으로 얼마나 무지하고 무책임한지, 고용하고 있는 교사들 수준이 얼마나 낮은지 등등에 대한 적나라한 정보를 제공하게 될 것입니다. 뿐만 아니라 그들이 성공 사례라고 말했던 아이들이 나중에 어떤 모습이 되어 있는지, 그보다 수십 배 수백 배 많은 피해 사례 혹은 실패 사례들이 어떻게 은폐되고 조작되고 있는지에 대한 섬뜩한 진실을 백일하에 공개함으로써 그들의 온갖 감언이설과 과장 광고를 통한 공격을 잘 막아낼 수 있는 공력을 키워주게 될 것입니다.

이 교육을 여러 번 지속적으로 받아야 하는 이유는 현재 수십조 원대에 달하는 사교육 시장이 그렇게 호락호락 사라져주지는 않을 것이기 때문입니다. 무엇보다 그들은 자신들의 '호갱'들인 엄마들이 무엇에 약한지, 어떤 말, 어떤 허상에 잘 걸려드는지 아주 잘 알고 있습니다. 엄마들 스스로도 제대로 된 논리 교육을 못 받고 자라서 정말 별것 아닌 미끼도 덥석덥석 잘도 문다는 것을 숱하게 경험해왔기 때문에 이 교육이 실시된다고 발표되기도 전에 이미 무지막지하게 매력적인 광고·홍보 패키지를 만들어 엄마들을 무장 해제시킬 것이 뻔합니다. 그들의 입장으로 보자면 그것은 살아남기 위한 최후의 비장의 카드일 것입니다.

한편으론 정부를 상대로 전쟁을 벌일 가능성도 있습니다. 돈을 버느냐의 문제가 아닌, 생존의 문제가 되면 누구나 눈에 뵈는 게 없는 법. 그들은 무슨 수를 써서라도 관련 법 제정을 막으려 들 것이고, 위험한 돈이 어마어마한 규모로 유통될 것입니다. 그렇게 해서 결국은 복잡한 정치 갈등으로까지 비화할 수 있는 대형 사안이 바로 이 교육이기도 합니다.

그러나 자격증 교육과 이 교육이 맞물리기 시작하면서 제대로 힘을 받기 시작하면 그들도 결국은 항복하게 될 것입니다. 그들의 호갱님들이 돌아서서 그들을 향해 이제 그만하라고 외치기 시작하는 순간부터 그들의 무기는 시나브로 힘을 잃게 되기 때문입니다. 그들의 궁전을 지탱해주던 대형 기둥들이 균열이 가고 하나둘씩 무너져 나중엔 결국 잔해만 예전의 존재를 증명해주는 정도로 남는 수준의 괴멸을 경험하게 될 것입니다. 이 예언은 결코 과장이나 헛소리가 아닙니다. 엄마들이 제정신 차리고 살고 있는 모든 나라에서는 우리나라와 같은 사교육 현상이 없습니다.

엄마들을 대상으로 하는 민방위 교육은 따라서 한시적으로 실시됩니다. 사교육 시장이 붕괴되기 시작하면 서서히 교육 빈도를 줄이다가 완전히 붕괴되면 일 년에 한 번 정도로 족할 것입니다. 엄마 자격증 제도가 정착이 잘되면서 벌어질 교육 현장의 변화와 맞물려 궁극적으로 교육 현장이 모두 제자리를 찾으면 나중에는 역사의 한 페이지 정도의 못 믿을 이야기로 남을 것입니다.

엄마들을 재활시키자

아이들의 삶이 정상으로 돌아가고 학교에서 충분히 나름대로 즐겁게 시간을 보내는 날이 오면 또 하나의 큰 문제가 엄마들을 찾아옵니다. 그동안 '헬리콥터 맘'이니 '타이거 맘'이니 욕을 하거나 말거나 개의치 않고 오로지 아이 교육에 혼신을 다 바쳤던 엄마들에게는 그런 변화가 졸지에 삶이 헛헛해질 일이기 때문입니다.

새벽에 일어나 아이 머리에 좋은 음식 만들기부터 시작해서 아이 깨우고, 먹이고, 학교 보내고, 설거지와 청소를 번개같이 해치운 다음, 인터넷 검색해서 최신 교육 정보 득하고, 점심 무렵 동네 입시 정보통 엄마들 만나서 새로 생긴 학원이나 과외 혹은 기타 아이 교육에 도움이 될 만한 최근 동향 점검한 다음, 학습 관련 강연이나 그런 종류가 있으면 갔다가 아이가 학교에서 돌아올 시간에 맞춰 얼른 집에 가서 두뇌 회전을 돕는다는 재료 위주로 만들어진 간식을 먹이고, 아이가 학원 셔틀을 타고 수학 학원에 가면 저녁 시간까지 학교 홈페이지에 들어가 과제 상황이나 기타 내신 시험 관련 공지를 읽고, 학부모 방에 들어가 혹시 놓치고 있는 방과 후 수업이나 비교과 활동은 없는지 루틴으로 체크하고, 사이사이 아이에게 문자를 보내 수업에 잘 집중하도록 독려도 빼먹지 않으며, 아이가 집에 와서 저녁을 먹는 동안에는 영어 테이프를 틀어놓아서 식후 바로 가게 될 영어학원 수업의 워밍업을 하게 하고, 밤 10시가 넘어 아이가 드디어 밖에서의 마지막 하루 일과를 마치고 들어오면 피곤하다는 말을 하는 아이를 잘 달래 학원 숙제와 학교 숙제를 다 마치도록 하고 나면 어느새 새벽 1시가 넘던, 그런 시곗바늘처럼 재깍재깍 맞물려 돌아가던 생활을 갑자기 그만두게 되는 것입니다. 아이를 품에서 내려놓아야 하니 하루 종일 끼고 살던 강아지를 빼앗기는 것의 10배쯤 되는 상실감도 동반합니다. 어떤 엄마에게는 삶의 의욕이 푹 꺾이는 일일지도 모릅니다.

그들은 사실 병들어 있습니다. 다만 아이들 신경 쓰느라고 느끼지 못했거나 몰랐을 따름입니다. 바로 '자기 인생 방기 증후군'이 그 병명입니다. 아이에게 자신의 꿈과 욕망과 자존심과 심지어 어떤 이는 과거의 복수심까지 투영시켜 살기 시작하면서 아이가 자신의 뜻대로 되는 것이 곧 자신의 인생이며, 성공이며, 자존심 지키기이며, 과거 상처의 회복이라고 믿어 의심치 않게 된 아주 심각한 심적 장애입니다. 이 장애를 극복하려면 마치 발목을 접질리고, 어깨 수술을 하고, 뇌졸중으로 마비가 온 뒤처럼 재활훈련을 해야 합니다. 그 훈련의 제목은 '나 자신의 삶으로 되돌아오기'가 되겠습니다.

이 재활훈련의 1단계는 '나는 누구인가?'를 알아내는 것입니다. 훈련의 재료는 '과거 속의 나'입니다. 과거가 담겨 있는 사진첩을 활용하고 학창시절 동창들을 만나 '나'에 대해서 물어보고 과거 직장 동료들로부터 당시에는 듣지 못했던 솔직한 평가도 받아봅니다. 그러다 보면 아이에 몰입하면서 사느라고 무엇을 잃어버렸는지 깨닫게 됩니다. 바로 '내 삶의 주인'인 나를 버렸다는 것을 알게 됩니다. 그렇게 '나'를 버리면 그가 가졌던 삶의 철학도, 생의 희망이나 꿈도 함께 사라집니다.

지인이나 친구들도 아이와 관련된 쪽으로 모두 바뀝니다. 영어유치원 학부모 모임, 영재학교 대비 모임, 경시맘 모임 등등……. 사실 아이를 위해 뭔가를 열심히 하는 것을 능가하는 취미 생활이나 열망이 드물기 마련이어서 그렇게 버리고 산 삶이 딱히 억울하거나 안타깝지는 않을 것입니다. 그러나 아이들에게는 매우 심각한 '나쁜 삶의 전제'입니다. 엄마가 자신의 존재를 잃지 않고, 나름 바쁘게 사는 모습은 아이들에게 아주 좋은 삶의 본보기이고, 딱 그만큼 헬리콥터 맘이나 타이거 맘은 아이들에게 나쁜 환경입니다. 그래서 엄마의 재활훈련은 이중으로 이득입니다. 엄마는 새 삶을 찾아서 좋고, 아이들은 독립된 개체로 거듭날 수 있어서 좋습니다.

요즘 세상에는 재활을 도모할 수 있는 많은 기회가 마련되어 있습니다. 노래를 배우거나 악기를 배우거나 밴드에 가입하거나 하는 등등의 예전엔 젊은 아이들에게나 열려 있었던 기회가 이젠 엄마 또래들에게도 활짝 열려 있고, 요리나 뜨개질 혹은 옷 직접 만들어 입기 같은 전통적인 엄마들 취미도 다양하게 확장되어 있습니다. 비누 만들기, 가구 만들기, 그릇 만들기 등 조금은 전문성을 요하는 작업에까지 접근하기가 쉬워져 아예 가계의 부가 수입원을 삼을 경지에 오를 수 있을 정도입니다.

무엇인가를 생산한다는 것은 언제나 인간들에게 흥분과 행복을 가져다줍니다. 그렇게 엄마가 뭔가를 생산하고 있는 동안 아이들은 가만히 보고 있습니다. 그리고 자신을 돌아봅니다. 궁극적으로는 이런 생각을 하게 되죠.

'아, 저렇게 열심히 사는 게 멋있게 사는 거구나. 그럼 나도 내가 열심히 하고자 하는 것에 집중해야겠다.'

엄마들에게 '드림 공작소'를 만들어주자

사실 엄마들 나이쯤 되면 취미만으로는 뭔가 성에 차지 않아 하는 사람들이 많습니다. 나이는 40 전후이고 아직도 살아갈 날이 산 날보다 많은 나이라서 이 사회 속에서 어떻게든 기능을 하고 싶어 합니다. 대개 이렇게 말을 하죠.

"카운터 담당이라도 좋으니 매일 나가서 일할 자리 없어요?"

물론 이 말이 백 퍼센트 진실은 아닙니다. 정작 카운터 담당을 맡겨놓으면 대개 한 달을 못 넘기기는 합니다. 그러나 그렇다 하더라도 이 사회는 엄마들이 꿈을 펼쳐나갈 수 있는 기회를 반드시 마련해놓아야 합니다. 그래야 정말로 간절히 원하는 엄마들은 다시 일을 잡을 수 있습니다.

엄마들의 '드림 공작소'는 그래서 필요합니다. 이곳에 자신의 제2의 인생을 간절히 원하는 엄마들이 오면 일단 직업 교육을 받습니다. 자신이 과거에 했던 일이든 하고 싶어 했던 일이든 간에 충분한 시간 동안 저렴한 가격으로 교육을 받고 자격증까지 획득하는 알찬 프로그램을 통해 다시 짱짱한 전문 인력으로 거듭나는 것입니다. 물론 그런 교육기관은 다 알 만한 대기업, 중소기업에 줄이 닿아 있죠. 그래서 자격증 취득과 동시에 적절한 근무 조건으로 당당히 취업이 되게 하는 것입니다.

예를 들면 초등학생 자녀 두 명을 둔 김가영 씨는 상품 디자이너의 경력을 다시 살려 한 장난감 회사에 취직을 합니다. 결혼하기 전까지 5년여 디자이너로 일한 적이 있지만, 결혼하면서 퇴사하여 이미 10년의 세월을 보낸 터라 감각도 많이 사라지고, 컴퓨터 디자인 프로그램도 10년 동안 버전이 엄청나게 높아져 있어 드림 공작소가 없었다면 재취업은 꿈도 못 꿀 일이었습니다. 한편 경력자를 재교육시켜 데려가는 셈이 된 기업도 신입사원 뽑아서 쓸 만하게 키우는 비용이 들지 않으니 만족스럽습니다. 그리하여 그만큼 더 베풀고 싶어지게 되죠. 그래야 그런 인재를 다른 곳에 뺏기지 않을 것이기도 하고요. 그리하여 자격증도 따고 드림공작소의 취업 프로그램을 통해 그 회사에 입사를 하니 인사 담당자가 이렇게 이야기를 하는 것이죠.

"김가영 씨의 근무 조건은 기본적으로 재택근무입니다. 모든 회의 역시 기본적으로 화상회의로 진행됩니다. 업무 목표를 제때에 달성하는 것이 가영 씨의 유일한 임무이자 모든 임무입니다. 업무에 필요한 하드웨어와 소프트웨어는 오늘 중으로 가영 씨가 원하는 곳으로 배달될 것입니다. 급여는 회사 공간을 사용하지 않는 것에 걸맞게 사내 근무에 비해 조금 높게 책정될 것입니다. 저희 회사에 와주셔서 진심으로 감사하고 환영합니다."

엄마들이 다시 세상에 나오는 일은 아이들 교육에 대한 철학을 바꾸는 계기가 되기도 합니다. 엄마가 되면서 빠져 들었던 '공부만이 살 길'이라는 이상한 도그마와는 전혀 상관없이 돌아가는 현장을 다시 만나게 되고, 그러다 보면 남들 하는 거라고 다 따라 시키던 자신의 모습을 돌아보게 될지도 모릅니다.

"'세상에 단 하나밖에 없는 독특한 생명!' 어머니 여러분! 여러분 자식들의 정체입니다. 귀하게 여겨주세요. 제발!"

이 말을 강연 말미에 늘 합니다. 물론 엄마들은 마치 목사님이나 신부님이나 법사님이나 되는 사람이 하는 말을 들은 것처럼 열정적으로 그러겠노라고 화답합니다. 그런데 그 공감이 불과 며칠 가지 않습니다. 심한 사람은 고작 몇 시간 만에 강연 듣기 전 상태로 완벽하게 회귀합니다.

집에 가는 길에 눈에 들어온 플래카드, 전단지 문구 등의 유혹에 바로 넘어간 경우죠. 결국엔 거의 모두 예전 모습을 되찾아 변한 것은 전혀 없는 지경이 됩니다. 그들의 아이들은 다시 '학교→ 학원→ 집→ 학교→ 학원→ 집' 쳇바퀴를 돌고 엄마들은 사교육 업체들의 마수에 점점 깊이 빠져들어갑니다. 가끔씩 아이가 짜증을 내거나 반항을 하거나 할 때 언젠가 들었던 강의를 떠올리기도 하지만, 그리고 뭔가 다른 길에 대한 고민도 하지만 아이들의 성적표에 적힌 점수와 석차를 보는 순간 그들의 머리는 다시 명료해집니다. 모든 것은 대학교 간 뒤에 재고하기로 합니다. 그들의 병은 그렇게 쉬이 나을 병이 아닙니다.

그들 중에 이 책을 읽으면서 화가 나는 사람들이 있을 것입니다. 그리 많지는 않겠지만, 그들은 증상이 그리 심하지 않은 사람입니다. 아직은 자신에 대해 그리고 자신이 하고 있는 아이 교육에 대해 자존심을 유지하고 있기 때문입니다. 진지한 토론과 대화를 통해 생각을 바꾸게 할 수 있는 경우입니다.

그런데 아마 이 책을 보는 대부분의 엄마들은 읽는 동안에 깜짝깜짝 놀라거나 초조해하다가 종국엔 책을 던져버릴 것입니다. 그런 이들은 병이 중합니다. 때론 매우 심각한 경우일 수도 있습니다. 느끼고도 모른 척하고 알면서도 아집을 부리는 상황인 것이죠. 어느 누구의 말도 듣지 않고 오로지 자신이 세운 아이 교육의 목표를 향하여 돌진하고 있는 것입니다. 그들은 정말 모든 것을 불사합니다. 아이의 개성, 성격, 재주 등등은 물론이고 권리, 희망, 꿈 등을 다 무시합니다. 그 길을 가는 데 방해가 되면 친부모, 시부모는 물론 남편, 형제, 자매들과도 등집니다. 그럼에도 불구하고 희망이 있습니다. 비록 매우 작은 가능성이기는 하지만. 어쨌든 그들은 이 책을 집어 들었으니까요.

이런 종류의 책에 대해 전혀 관심이 없는 이들이야말로 문제적 엄마들입니다. 정말 바늘구멍만큼의 빈틈도 허락하지 않는 철저한 교육관을 지니고 있죠. 그들은 정한 목표를 향하여 모든 수단을 동원합니다. 그들이 멈추는 경우는 단 한 경우밖에 없습니다: 아이가 무너졌을 때. 정말 무시무시한 일이 벌어지고 있는 것입니다.

아이들 교육은 정말로 국가 백년지대계입니다. 구체적으로 말하자면 나라가 안 망하고 계속 발전하기 위해서 백 년 앞을 내다보면서 수행해야 하는 엄청난 과제입니다. 좀 더 생활 밀착형으로 표현하자면 부모들의 노후 대책 마련입니다. 지금처럼 노후 자금까지 다 털어서 키웠는데 사람으로서의 성숙도 안 되고 자기 자신만의 뭔가도 갖추지 못하는 상태로 만드는 방식은 결국엔 모두를 파국으로 끌고 갑니다.

아이들은 하나하나가 작은 우주입니다. 삼라만상을 움직이는 원리가 그 속에도 그대로 살아 숨 쉬고 있다는 말입니다. 존중, 인정. 이 두 가지만 잘 지켜도 그들은 지구라는 큰 우주 속의 한 부분으로 잘 성장합니다.

격려와 도움, 그들이 원할 때 주면 됩니다.

독립정신, 절대적으로 훈련시켜야 할 덕목입니다.

타인에 대한 배려와 존중, 엄마들이 그들의 앞에서 몸소 실천해야 하는 덕목입니다.

자, 이 정도만 하면 됩니다. 그러면 아이들은 매일매일 눈부시게 자랍니다. 마치 막 태어난 아기들이 그러하듯이.